THE MUSEUMS OF THE LAST GENERATION

THE MUSEUMS OF THE LAST GENERATION

JOSEP MONTANER AND JORDI OLIVERAS

ACADEMY EDITIONS · LONDON / ST. MARTIN'S PRESS · NEW YORK

Published in Great Britain in 1986 by
ACADEMY EDITIONS, 7 Holland Street, London W8
All rights reserved
Copyright © Editorial Gustavo Gili, S.A., Barcelona 1986
No parts of the contents of this book may be
reproduced in any manner whatsoever without permission
in writing from the publishers

ISBN 0 85670 897 6 (UK)

Published in the United States of America in 1986 by
ST. MARTIN'S PRESS, 175 Fifth Avenue, New York, NY 10010

ISBN 0 312 004516 (US)

Printed and bound in Spain

Contents

Indice

El significado de la arquitectura de los museos

Este libro pone de manifiesto un fenómeno destacable del momento presente: la cantidad y calidad de los edificios construidos recientemente destinados a museos. Sean de nueva creación, sean remodelaciones de antiguos edificios ya destinados a esta finalidad, lo cierto es que en los últimos años no hay ciudad que se precie que no haya afrontado la construcción de algún nuevo museo.

Dos son, a nuestro juicio, las razones culturales de índole diversa que explican la arquitectura de los museos. En primer lugar el fenómeno es significativo desde el punto de vista cultural a causa de un renovado interés por la cultura institucional. El museo es, desde sus orígenes en la época de la Ilustración, una típica institución para la difusión pública de la cultura.

Al igual que los teatros, las bibliotecas o la conservación de los monumentos históricos, la administración pública moderna se ha hecho cargo de la creación y promoción de estos organismos cuya existencia estaba antes ligada sólo a la magnificencia y a la propiedad de los poderosos. Y ello en la medida en que el estado moderno se considera responsable de la mediación ideológica entre los que son considerados tesoros del arte o de la historia y su disfrute y comprensión por parte de los ciudadanos. Si las sucesivas rebeliones románticas –desde 1830 hasta 1968– pensaron que era posible hacer desaparecer esta mediación, reivindicando una suerte de hipóstasis, directa e inmediata, entre el conocimiento, el arte y su disfrute personal, hoy el consenso en torno a la necesidad de la organización pública de la cultura, de los museos por ejemplo, parece dar la razón a quienes, hegelianamente, impulsaban la creación de unas instituciones por medio de las cuales, a su través, se produjese el encuentro entre los bienes de la cultura y sus nuevos y socializados usuarios.

La perspectiva sociológica de este fenómeno es, por otra parte, evidente y no deja de confirmar hasta qué punto el consumo de bienes inmateriales corre en paralelo, en el mundo occidental, al consumo de mercancías materiales, de modo que hoy el bienestar social se asocia no sólo al confort doméstico o a la seguridad social, sino también a la accesibilidad a todo un universo simbólico representado por el arte, los viajes, la ciencia y la historia. Desde esta lógica no puede sorprender, a pesar de la crisis económica mundial, que uno de los objetivos de las sociedades avanzadas sea el de ampliar y facilitar este acceso a los bienes culturales considerados como un valor positivo de forma prácticamente absoluta. La construcción de museos se debe entender, sin duda, desde esta óptica.

Pero hay una segunda razón cultural que ayuda a entender la nueva primavera de los museos. Se trata de la función que el museo tiene en relación con el fenómeno mismo del arte y de su comprensión. Sólo en las sociedades modernas donde el arte y el conocimiento son valores autónomos puede y debe existir un dispositivo cuya principal finalidad sea la de interpretar estas realidades.

Cuando el arte o el conocimiento no pertenecen exclusivamente al príncipe o al sacerdote, sino que son valores directamente puestos ante los asombrados ojos de los ciudadanos, no puede dejar de existir una forma y un lenguaje codificado capaz de producir organizadamente la transmisión de estos valores simbólicos.

Así, el museo, en su arquitectura, como lugar en el que se ordenan y presentan las obras de arte o los documentos de la historia, debe tener una forma hermenéuticamente eficaz para abrir ante el público el arcano de sus contenidos. De nuevo el museo, ahora en la materialidad de sus espacios y de su organización arquitectónica, es el instrumento de mediación entre una realidad informe, la multitud de los objetos, de los conocimientos, de los documentos y su lectura comprensible a través del orden y la forma de su exhibición.

La historia de los edificios destinados deliberadamente a museo es relativamente reciente. No va más allá de los dos siglos. Ciertamente que desde lo más remoto del mundo antiguo existe la pasión del coleccionista y el cuidado de las colecciones de objetos extraordinarios, raros, únicos y valiosos. Pero sólo desde la Ilustración existe el dispositivo museo como lugar público, civil y con voluntad de conocimiento asociada a la de la posesión de una colección de objetos. La historia de los edificios de los museos, desde el Pío Clementino Vaticano hasta el último museo construido por James Stirling, es, así, la historia de las interpretaciones.

Templos del arte primero, en la acepción winckelmaniana, gabinetes de clasificación y de ordenada taxonomía más tarde, retrospectivos recorridos por el fluir del tiempo histórico o espectáculo cultural para las masas, el museo y su arquitectura han sido a través de los grandes edificios, de Villanueva y de Schinkel, de Leo von Klenze o de Goetfried Semper, de Le Corbusier y de Mies van der Rohe, de Louis Kahn y de Hans Hollein, un ineludible instrumento a través del cual cada tiempo ha fijado la propia interpretación del arte y la relación entre el mundo valioso de los objetos preciosos y su lectura por la sociedad de su tiempo.

Pero si cada época es capaz de producir el instrumento adecuado de mediación, es decir la arquitectura específica del museo, la pregunta que hoy podemos hacernos es la de cómo se están desarrollando estos procesos en el momento actual.

A la respuesta de esta cuestión y por lo tanto a la comprensión del alcance de la actual arquitectura de los museos, contribuye con no poca originalidad el libro que aquí presentamos.

El libro que ahora publican Josep Maria Montaner y Jordi Oliveras se inscribe dentro de los trabajos de investigación que realiza desde hace algunos años el Departamento de Estética y Teoría de la Arquitectura de la Escuela Técnica Superior de Arquitectura de Barcelona. En él ha sido objetivo primordial el análisis de la arquitectura industrial, de la vivienda, del teatro, de los edificios escolares, de los museos, etc., no sólo como tipologías arquitectónicas ni como simples ejemplos de la historia de la arquitectura, sino como dispositivos actuantes en la cultura urbana moderna capaces de crear tanto el ambiente físico como también el entorno simbólico en el que se desarrolla la vida colectiva.

En concreto, y a partir de varios cursos y seminarios llevados a cabo desde 1979, llega hoy a la imprenta una parte de aquella labor dedicada a dar a conocer y a interpretar la orientación y significado de la más reciente arquitectura de museos. Ojalá que a esta publicación, cuya inteligencia y rigor quedan bien patentes, puedan seguir pronto otras destinadas a exponer nuevos aspectos –técnicos e históricos– de la investigación en curso.

Ignasi de Solà-Morales

The Meaning of the Architecture of Museums

This book discusses the recent upsurge in the Construction of new museum buildings – an important contemporary phenomenon – and analyses the individual examples in terms of form and quality.

It is a fact that in recent years every major city has engaged in the creation of some new museum, whether it has chosen to construct a new building or to convert an existing one.

Two diverse cultural reasons explain the architecture of museums. Firstly, it is significant from the cultural point of view because of the renewed interest in institutional culture. Since its origins in the Enlightenment, the museum has been a typical institution for the public dissemination of culture.

As in the case of theatres, libraries or the conservation of historical monuments, contemporary public administrations have taken responsibility for the creation and promotion of those institutions whose previous existence was solely linked to the property and splendour of the powerful. This extends to the responsibility of the contemporary state for the ideological mediation between what are considered treasures of art and history, and their enjoyment by its citizens.

Although the successive romantic revolutions from 1830 to 1968 believed it possible to dispense with this mediation, claiming a direct and immediate kind of hypostasis between knowledge, art and its personal enjoyment, today the consensus on the public organization of culture – in museums for example – seems to support those who, à la Hegel, demandd the creation of institutions which would encourage the coming together of the cultural exhibits and their new users.

However, the sociological element within this phenomenon is clear and confirms the degree to which the consumption of immaterial commodities in the Western World parallels that of material commodities. Consequently, today we associate social well-being not only with domestic comfort and social security, but also with access to a wholly symbolic universe represented by art, travel, science and history. So we should not be surprised that despite the global economic crisis, one of the objectives of advanced societies is to increase and facilitate access to cultural commodities whose value is deemed to be absolute. The construction of museums should be understood from this point of view.

But there is a second cultural explanation that helps us to understand the recent interest in museums. It has to do with the museum's function in relation to the concept of art itself and its comprehension. Only in modern societies, where art and knowledge are considered autonomous values, can and should there exist a mechanism for interpreting those realities.

When art and knowledge are no longer the exclusive property of the prince and priest, but are placed directly in front of the astonished eyes of the citizens, there must exist a codified form and a language to ensure the organised transmission of these symbolic values.

In this way, the museum as a place where art and historical documents are ordered and presented must have a hermeneutically efficient architectural form capable of revealing to the public its sacred contents. Thus the museum, in the material and architectonic organization of its spaces, is the mediator of a formless reality, of a multitude of objects, of knowledge, of documents and the meaning given to it by the way it is presented.

The history of the museum building is relatively short. It goes back only two centuries. Of course, the passion of the collector and acquisition of rare, unique, extraordinary and valuable objects have existed since ancient times. But it is only since the Enlightenment that there has existed the phenomenon of the museum as a public place, bringing with it the knowledge that comes with the possession of a collection of objects. The history of museum buildings from Pope Clement to James Stirling is thus a history of interpretation.

The first museums were temples to art in the Winckelmanian sense, later ones laboratories of classification and ordered taxonomies, retrospectives coloured by the flow of historical time, or simply a cultural spectacle for the masses. The great museum buildings by Villanueva and Schinkel, by Leo von Klenze or Goetfried Semper, by Le Corbusier and Mies van der Rohe, by Louis Kahn and Hans Hollein are an ineluctable instrument whereby each period has fixed its own interpretation of art and the relationship between the worthy world of precious objects and its perception by society.

But if each period can produce a suitable vehicle for this mediation, an architecture specific to the museum, the question we should ask ourselves today is how are these processes developing at the present time?

The book we are presenting makes an original contribution to the discussion and consequently to the understanding of the significance of current museum architecture.

This book by Josep M. Montaner and Jordi Oliveras is part of the research that has been carried out for some years by the Department of Aesthetics and Theory of Architecture at the Barcelona Escuela Técnica Superior de Arquitectura. The main aim of the department is an analysis of industrial architecture, housing, theatres, school buildings and museums, not only as architectural typologies, nor solely as examples of architectural history, but also as mechanisms within the contemporary urban culture capable of creating the physical space and symbolic surroundings in which collective life develops.

In conclusion, we are now bringing together in print the concrete results of our research, based on the courses and seminars we have held since 1979 on current knowledge and interpretation of the orientation and meaning of contemporary museum architecture. We trust that this publication will be followed by others of the same callibre that will describe new aspects, both technical and historical, of the research in progress.

Ignasi de Solà-Morales.

Introducción

Toda tipología arquitectónica, entendida sobre todo en su sentido funcional, a pesar de su capacidad de permanencia como necesidad espacial a través de los tiempos, está sometida a inevitables procesos de cambio y modernización. La forma del edificio industrial o de la construcción escolar ha evolucionado a lo largo de la historia. También un teatro o una sala de conciertos, que han adoptado nuevas estructuras formales y han integrado nuevos servicios. Lo mismo ha sucedido con el museo.

Los museos que se han planteado en los últimos diez años (1975-1985), que hemos denominado de la última generación, quedan caracterizados por una serie de hechos distintivos. La presente introducción tiene como objetivo desarrollar brevemente estos caracteres, insistiendo especialmente en cuatro de los hechos que nos aparecen como más definitorios de la arquitectura de los últimos museos:

1. El programa para un museo contemporáneo

A partir de los años sesenta, el programa de un edificio para museo se transforma y se complexifica. Cada vez es más insuficiente una concepción de museos que sólo se piense en función de los espacios de exposición. Toda una serie de nuevas necesidades exigen un programa más rico para un museo.

El museo, siguiendo su genuino proceso de desacralización y acercamiento al público, va dejando de ser sólo un lugar de contemplación directa de la obra de arte para irse convirtiendo en un foco cultural, dentro del cual se instalarán salas para el trabajo, el aprendizaje y el estudio. En estrecha relación a esta transformación del museo, que pasa de ser lugar destinado preferentemente a las exposiciones permanentes a ser lugar de trabajo, estudio e investigación de las colecciones, surge la necesidad de prever, por una parte, espacios dedicados a exposiciones temporales y, por otra parte, la necesidad de definir amplios espacios para almacenaje y conservación de fondos que puedan ser estudiados pero no expuestos permanentemente.

A partir de los años sesenta, la cultura y tecnología de la comunicación entran en los programas de museos y exposiciones. Toda una serie de nuevos aparatos y espacios se van convirtiendo en imprescindibles: cine, sala de videos, salas de audiovisuales, etc.

Introduction

All architectural typologies, understood primarily in the functional sense, despite their capacity for permanence as an enduring spatial necessity, are subjected to inevitable processes of change and modernization. The form of the industrial building or the school building has evolved historically. Both the theatre and the concert hall have taken on new formal structures assimilating new functions. The same is true for the museum.

The museums designed in the last ten years (1975-1985) which we call 'of the last generation', are characterized by a series of distinctive traits. The purpose of this introduction is to briefly develop these characteristics, concentrating especially on the four that we consider the most important in the architecture of recent museums.

1. The programme for a contemporary museum

Since the 1970s, museum programmes have been transformed and have become more complex. The conception of a museum consisting solely of exhibition spaces has become progressively less satisfactory. A series of new needs require a richer programme. The museum, obeying a genuine process of desanctification and opening up to the public, is becoming less a place for the direct contemplation of works of art, and more a cultural focus providing space for work, learning and study.

Closely related to this shift, which converts the museum from a permanent exhibition space into a place of work, study and research, is the need for temporary exhibition spaces on the one hand, and, on the other, large spaces for the storage and conservation of objects so that they can be studied even if they are not on permanent show.

From 1970 onwards, the culture and technology of communications became part of the programme for museums and exhibitions. A whole new series of spaces and equipment became essential: cinema, video rooms, audio-visual rooms, etc.

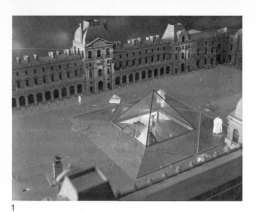

1

2

3

Espacios dedicados a la venta de catálogos y reproducciones, cafeterías y restaurantes y otros servicios, son también imprescindibles en unos edificios que, poco a poco, han ido asumiendo funciones de consumo. En la medida que el acceso, a causa también del fenómeno contemporáneo del turismo de masas, es más multitudinario, que el programa del museo se diversifica en servicios y que el público pide una estructura espacial clara para poder seleccionar aquellas salas que quiere contemplar o aquellos servicios que quiere utilizar, se hace más esencial un espacio –el gran hall de entrada y distribución– que cumpla con este claro papel director. Paralelamente, la misma complexificación de facilidades que ofrece el museo comporta un crecimiento de los servicios de administración del mismo.

Si tomamos como referencia los espacios del museo decimonónico, pensado exclusivamente como sistema de salas, galerías y rotondas, podemos comprobar en qué gran medida todo este programa contemporáneo estaba sin contemplar y cuán difícil es amoldar y modernizar un museo tradicional sin una importante transformación espacial. Por esto una parte considerable de los museos que se recogen en este libro son ampliaciones de otros museos, en las que, además de salas para albergar el crecimiento de las colecciones de arte, se ubican estos espacios para los nuevos usos modernos. En consecuencia, algunas de las operaciones aquí presentadas tienen como misión básica esta reestructuración de algunas partes del museo. Tanto la intervención de I.M. Pei and Partners en el Grand Louvre (1983), como la ampliación del Museum of Modern Art de New York de Cesar Pelli (1977-1984) consisten esencialmente en el replanteamiento de los accesos y las circulaciones, además de la posibilidad de ubicar algunos de estos nuevos servicios de consumo y de ofrecer más espacio de exposición.

Tomemos como referencia dos ejemplos: la ampliación de la National Gallery en Washington de I.M. Pei (1978-1984) y la ampliación de la Staatsgalerie en Stuttgart de James Stirling (1977-1984). En la prolongación de la National Gallery, estructurada según un enorme patio central que actúa a la manera de gran hall de distribución, se añade al antiguo edificio este nuevo y complejo programa: grandes espacios para exposición, cafetería, restaurante, tiendas, auditorio, administración y un centro de estudios de arte avanzado con laboratorios fotográficos, despachos de conservadores, biblioteca, etc.

Y en la solución de Stirling para Stuttgart, la misma forma y situación de cada pieza del

Areas devoted to the sale of catalogues and reproductions, cafeterias, restaurants and other services have also become indispensable in buildings that have taken on retail functions. Partly owing to the contemporary phenomenon of mass tourism visitors have become more abundant, museum programmes have diversified and there is a demand for a clear spatial structure to enable the public to choose which rooms they want to see or which services they want to use, thus creating the need for a large entrance hall to fill this role. This increase in the facilities offered creates a parallel need for more administrative services.

If we take as an example a nineteenth-century museum conceived solely as a series of rooms, galleries and rotundas, we can appreciate just how new this contemporary programme is and how difficult it would be to remodel and modernize a traditional museum without significant spatial transformations. It is for this reason that many of the museums included in this book are extensions of existing museums. They house growing art collections but also accommodate areas required for new uses. Consequently, some of the projects we present simply restructure a part of the museum concerned. The intervention by I.M. Pei and Partners in the Louvre (1983) and the extension to the Museum of Modern Art in New York by Cesar Pelli (1977-1984) both deal essentially with the reorganisation of access and circulation, provide space for new retail services and offer more exhibition space.

Two further examples are the extension to the National Gallery in Washington D.C. by I.M. Pei (1978-1984) and the extension to the Staatsgalerie in Stuttgart by James Stirling (1977-1984). In the extension to the National Gallery, which is structured around an enormous atrium serving as the entrance hall, the following complex programme is added to the old building: large exhibition spaces, cafeteria, restaurant, shops, auditorium, administrative facilities and a centre for advanced studies in art with laboratories and darkrooms, restoration laboratories, a library, etc.

As in James Stirling's solution for Stuttgart, each piece of the extension expresses its function by its form and location: the part devoted to exhibition space for contemporary art (that is to say, the rooms which correspond to the traditional programme of the museum) assume the structure of rooms and the other sections, products of the new programme (hall, retail space, administration building, library,

nuevo conjunto museístico indica su esencia y función: la parte dedicada a las salas de exposición de obras de arte actual (es decir la que se corresponde con la supervivencia del programa tradicional de un museo) adopta la estructura de salas y el resto de las dependencias, todas ellas fruto de estas novedades de programa (hall, lugar de venta, edificio de administración, biblioteca, auditorios, salas temporales, bar-restaurante, terrazas, escuela de música, teatro de cámara, etc.) adoptan cada una su forma singular que se configura según su situación respecto al contexto urbano y se articula en torno a la enorme U del sistema de salas, es decir el soporte del museo tradicional propiamente dicho.

En ambos casos, ya sea mediante la tensión o ya sea mediante la diversidad de las formas, se intenta responder arquitectónicamente a la complejidad del programa.

En otro orden de cosas, otra de las novedades a nivel de la gestión y concepción de los museos actuales estriba en la gran ampliación de temáticas que puede contemplar un museo, mucho más allá de las artes plásticas: artes decorativas, arquitectura, industria, ciencia, tecnología, automóviles, barcos, aviones, fotografía, cinema, antropología, etc. En este sentido, si bien la existencia de museos científicos y no artísticos no es una novedad de las últimas décadas, sí lo es su proliferación a partir de los años 1950-1960, el gran atractivo que tienen respecto al público y la capacidad que los museos de la ciencia y la técnica tienen para conectar con los deseos y el espíritu de nuestra época.

Respecto a esto, son ejemplares museos dedicados a coleccionar objetos de producción industrial, tendiendo algunos de ellos a explotar las vertientes más participativas y festivas de un edificio cultural. Valor de la obra de arte y ritual de la contemplación de su aura han desaparecido completamente. Nos referimos a ejemplos como los Air and Space Museums en Washington de Hellmuth, Obata y Kassabaum (1973-1975) y en Los Angeles de Frank O. Gehry (1984), al Museo de la Ciencia y la Técnica en La Villette en París de Adrien Fainsilber (1980-1986), al Museo de la Ciencia de Barcelona de Garcés y Soria (1979-1980) o al Museo de Automóviles BMW en Munich de Karl Schwanzer (1972-1973). En todos ellos se recurre a espacios homogéneos y neutros, próximos a la forma del contenedor, más flexibles tanto para integrar continuos cambios de objetos y exposiciones como para alojar artefactos y máquinas de gran tamaño.

Dentro de esta apertura del campo de lo museable está la aparición de los ecomuseos, en estrecha relación con el desarrollo

auditoriums, temporary exhibition rooms, restaurant-bar, terraces, music school, small theatre, etc.) take their own specific form according to their position in the urban context. These new sections complement and articulate the enormous U-shaped system of rooms that formed the basis of the traditional museum.

In both cases, be it by tension or diversity of form, the intention is to respond architecturally to the complexity of the programme.

On a different note, another innovation in the design and running of contemporary museums is the broadening range of themes a museum can handle, going far beyond the plastic arts to include the decorative arts, architecture, industry, science, technology, cars, ships, planes, photography, film, anthropology, etc. In this sense, even if the existence of scientific museums as opposed to art musuems is not new, their proliferation since the fifties is; and so is the great attraction they hold for the public and the power of science and technology museums to form a link with the spirit and desires of our times.

In this respect, some museums devoted to collecting objects of industrial production tend to exploit the more participative and festive aspect of cultural buildings. The value of the work of art and the ritual of contemplating its aura disappear completely. We are referring to such examples as the Air and Space Museums in Washington D.C. by Hellmuth, Obata and Kassabaum (1973-1975) and Los Angeles by Frank O. Gehry, the Museum of Science and Technology in La Villette (Paris) by Adrien Fainsilber (1980-1986), the Science Museum in Barcelona by Garcés and Soria (1979-1980) and the BMW Museum in Munich by Karl Schwanzer (1972-1973). In all of these homogeneous and neutral spaces are employed; they form a container, are more flexible and can handle continuously changing objects and exhibits as well as artifacts and machinery of great size.

Related to this broadening of the definition of a museum exhibit is the birth of the ecomuseum, closely linked to the development of disciplines such as industrial archaeology and anthropology. Examples are Ironbridge in Great Britain, which has the first steel bridge in history and fragments of industrial buildings dating from the eighteenth century; Le Creusot in France, a defunct industrial mining town turned museum; and the prehistoric village of Lejle in Denmark devoted to the conservation of the habitat and everyday objects of the Neolithic period.

4

5

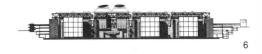

6

7

4. J. Stirling, M. Wilford & Assoc., Neue Staatsgalerie, Stuttgart (D), 1977-1984.
5. Hellmuth, Obata & Kassabaum, Air & Space National Museum, Washington D.C. (USA), 1973-1975.
6. A. Fainsilber, Musée des Sciences, des Techniques et des Industries, La Villette, Paris (F), 1980-1986.
7. K. Schwanzer, B.M.W. Museum, München (D), 1972-1973.

8

9

de disciplinas como la arqueología industrial o la antropología. Recordemos ejemplos como el de Ironbridge, en Gran Bretaña, con el primer puente metálico de la historia y muestras de edificaciones industriales del siglo XVIII; Le Creusot, en Francia, antigua colonia industrial minera también convertida en ecomuseo; y el poblado prehistórico de Lejle, cerca de Roskilde en Dinamarca, dedicado a la conservación del hábitat y los objetos cotidianos del Neolítico.

Sin embargo, por lo que respecta a los museos de arte, el mayor dispositivo de renovación del espacio museístico lo han aportado las mismas innovaciones introducidas en el arte de los años cincuenta y sesenta: el tamaño de las obras de los expresionistas norteamericanos, el espíritu del Pop Art, los objetos del hiperrealismo, del land art, del mínimal, del conceptual, del video-arte, del happening, etc. han roto los esquemas y conceptos tradicionales de la obra de arte, incluso en mayor medida que durante los años veinte. Se daba así continuidad a algunas de las experiencias más radicales de las vanguardias, como el Dada, el surrealismo o la obra de Duchamp, y con el paulatino cambio en el concepto y límites de lo que es obra de arte se ponía en crisis el espacio tradicional del mismo museo. Estas obras exigían inevitablemente unos nuevos espacios y formas para albergarlos. Uno de los primeros especialistas que se percataron de esta necesidad de superar la idea convencional de museo fue el historiador del arte Pontus Hulten, de origen sueco. Después de su intervención renovadora como director del Museo de Arte de Estocolmo, pasó, a principios de los años setenta a formular la propuesta espacial de sus concepciones sobre cómo debía ser un museo moderno en las bases del concurso para el que sería el futuro Centro Pompidou de París (1972-1977): un edificio realizado con las formas de la modernidad y la estética de la transparencia, con unas estructuras tan sofisticadamente avanzadas que definiesen unas plantas totalmente libres y permitieran una total intercambiabilidad de elementos, tolerando incluso renovar la tecnología y el acondicionamiento del museo. Se trataba de encontrar una solución espacial de museo que fuera capaz tanto de absorber el imprevisible rumbo de la obra de arte contemporáneo, como de expresar la nueva imagen de un museo popular e iconoclasta: abierto a las masas urbanas, activo como foco cultural hasta altas horas de la tarde, transparente, flexible y simpático.

Si a principios de los años setenta se plantea esta solución que tipológicamente se soporta en la planta libre, muy poco des-

Innovations in the spatial organisation of art museums were induced by the innovative elements in art itself in the fifties and sixties: the size of works by North American expressionists, the spirit of Pop Art, hyperrealist objects, land art, minimalism, conceptual art, video art, happenings, have all broken the schemas and concepts of traditional works of art to an even greater extent than the work of the twenties. Thus some of the more radical experiments by the avant garde, such as Dada, Surrealism and the work of Marcel Duchamp, continued the gradual change in the concept and limitations of the work of art, thus causing a crisis in the traditional museum layout. Such works inevitably required new spaces and forms to house them.

One of the first specialists to realize the necessity of transcending the conventional idea of a museum was the Swedish art historian Pontus Hulten. He imaginatively reorganised the Art Museum in Stockholm when he was director in the 1970s and began to develop spatial ideas for modern museum design, based on the competition that would culminate in the Pompidou Centre in Paris (1972-1977): a building with a modern design and the aesthetics of transparency, with a structural system so advanced and sophisticated as to permit columnless floors, elements that are completely interchangeable, and even a remodelling of museum technology and services. The intention was to find a spatial solution to absorb the unpredictable development of the contemporary work of art, as well as expressing the new image of a popular and iconoclastic museum, open to the urban masses, active as a cultural centre well into the night, transparent, flexible and welcoming.

Although the solution proposed in the early seventies is typologically based on a free plan, very soon afterwards museums were designed to adapt and adjust to specific contemporary works of art. Thus the forms used in the Municipal Museum in Mönchengladbach (1972-1982) are closely related to the formal experiments of the artistic movements of the seventies and to the more flexible and relative ideas of what constitutes a work of art. In this museum, designed by Hans Hollein, the man behind the museum — its first director, Johannes Cladders — played a crucial role. He believed that the container of works of art, i.e. the museum, interpreting *ad hoc* container and works within, should aspire to being a total work of art. According to Cladders the museum should not be an abstract and uniform place but a great stage-set and a valuable area of synthesis in which each

8. Ecomusée, Le Creusot (F).
9. R. Piano & R. Rogers, Centre Pompidou, Paris (F), 1972-1977.

pués se realizarán museos que recurren a figuraciones más pensadas para adaptarse y amoldarse a las concretas obras de arte contemporáneo. En este sentido, las formas que se adoptan en el Museo Municipal de Mönchengladbach (1972-1982) están concebidas en estrecha relación a los experimentos formales de los movimientos artísticos de los años sesenta y a la idea mucho más flexible y relativa de los límites de cada manifestación artística. En este museo, diseñado por Hans Hollein, tuvo un papel crucial su promotor y primer director Johannes Cladders, quien sostenía que el mismo contenedor de las obras, el museo, interpretando *ad hoc* el entorno y las obras, debía aspirar a ser una obra de arte total. Para Cladders el museo no debía ser ya un lugar abstracto y uniforme, sino un gran escenario y un valioso momento de síntesis en el que cada obra de arte se articulara en el espacio configurando una obra de arte total que es el museo.

En la concepción del museo, el camino que en pocos años se ha recorrido ha tendido en cierta manera a revalorizar la idea más tradicional de museo. Se puede decir que en la actualidad conviven dos opciones que tienden a contraponerse. Por un lado la tendencia "moderna" que continuaría el paradigma del Centro Pompidou (y que también se expresa en el Sainsbury Centre for the Visual Arts de 1974-1978 y en los nuevos museos de ciencias y técnicas) planteando museos abiertos y flexibles, y defendiendo el proceso de desacralización de la obra de arte y la esencia de museo contemporáneo como lugar de producción y consumo de cultura. Por otro lado la pervivencia de la idea tradicional, que tiende a recuperar tanto la estructura espacial a base de salas y galerías que potencian una exposición ordenada de las piezas, como el aura de la obra de arte sacralizada.

El programa de remodelación interior de la planta 3.ª del Centro Pompidou para convertirla en Museo de Arte Moderno (1985) a cargo del equipo de Gae Aulenti, en el que se vuelve a recuperar la visión detallada y protegida de la obra de arte concreta, ejemplo con el cual se finaliza el recorrido cronológico del presente libro, delimitaría el hasta hoy último hito del proceso que en un arco tan corto de tiempo –poco más de diez años–, se ha producido en la concepción del museo, volviendo a la necesidad de recuperar algunos de los elementos del museo tradicional.

2. Espacio flexible, versus salas y galerías

La Arquitectura del Movimiento Moderno respondió de forma diversas a los requerimientos que la nueva interpretación de la

work has its place in one complete work of art – the museum itself.

The path travelled in the last few years has tended to redefine the traditional idea of a museum. Today there are two opposing tendencies: on the one hand, the 'modern' tendency that wants to continue the paradigm of the Pompidou Centre (also expressed in the Sainsbury Centre for the Visual Arts (1974-1978) and the new museums of science and technology) supporting flexible, open museums, and advocating the process of desanctification of the work of art and the role of the contemporary museum as a place for the production and consumption of culture; and, on the other hand, the perseverance of the traditional idea of a spatial structure based on rooms and corridors permitting an ordered presentation of the works and retaining the sanctified image of the work of art.

The plan for the interior remodelling of the third floor of the Pompidou Centre (1985) to make it into a Museum of Modern Art, being carried out by the Gae Aulenti Group, returns to the idea of specific works of art. Our book finishes its chronological survey with this example, which is the last milestone in a very short elliptical process – just over ten years – in the history of museum design, and shows the need to return to some of the elements of the traditional museum.

10

11

2. Flexible spaces versus rooms and corridors

The architecture of the Modern Movement responded in various ways to the requirements imposed by the new interpretation of the work of art. The innovations were to be found in two projects by masters of the Modern Movement: the 'Museum of Unlimited Growth' (1939) by Le Corbusier and the 'Museum for a Small City' (1942) by Mies van der Rohe. While Le Corbusier in his project for the Mundaneum (1929), and to a lesser extent in his later projects and buildings such as Ahmedabad (1952-1956), Tokyo (1957-1959) and Chandigarh (1964-1968), emphasized the design of the building by means of the proposed circulation and the typical section this would give, Mies proposed a fluid space providing flexibility under a single roof, which was partially achieved in Cullinan Hall in Houston, Texas (1954-1958) and completely achieved in the New National Gallery in Berlin (1962-1968).

Similar to Le Corbusier's proposal, as far as the attention paid to circulation and section is concerned, but adding the idea of a large

12

10. H. Hollein, Städtisches Museum Abteiberg, Mönchengladbach (D), 1972-1982.
11. Foster Assoc., Sainsbury Centre for the Visual Arts of East Anglia, Norwich (GB), 1974-1978.
12. G. Aulenti, Musée National d'Art Moderne, Centre Pompidou, Paris (F), 1985.

13

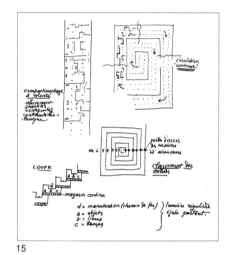

15

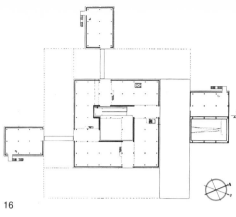

16

17

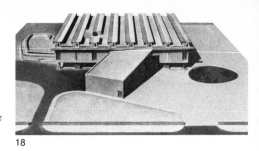

18

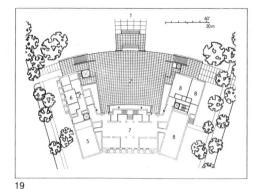

19

13. Le Corbusier, Musée de Croissance illimité, 1939.
14. Mies van der Rohe, Museo para una pequeña población/Museum for a Small City, 1942.
15. Le Corbusier, Mundaneum, Génève (CH), 1929.
16. Le Corbusier, Ahmedabad Museum, Ahmedabad (IND), 1952-1956.
17. Le Corbusier, Tokio Museum, Tokio (J), 1957-1959.
18. Le Corbusier, Museum & Art Gallery, Chandigarh (IND), 1964-1968.
19. Mies van der Rohe, Cullinan Hall, Houston, Texas (USA), 1951-1958.

obra de arte imponía. Las innovaciones se dieron sobre todo en dos propuestas de dos de los maestros del Movimiento Moderno: el "Museo de crecimiento ilimitado" (1939) de Le Corbusier y el "Museo para una pequeña población" (1942) de Mies van der Rohe. Mientras Le Corbusier en sus propuestas para el Mundaneum (1929), y en menor medida en sus proyectos y realizaciones posteriores de Ahmedabad (1952-1956), Tokio (1957-1959), Chandigarh (1964-1968), enfatiza el diseño del edificio en la solución dada al itinerario propuesto y a la sección típica de este recorrido, Mies propone un espacio fluido con posibilidades de flexibilidad bajo una cubierta única, propuesta que se ve concretizada parcialmente en el Cullinan Hall de Houston, Texas (1954-1958) y definitivamente en la Neue Nationalgalerie de Berlín (1962-1968).

Próxima a la propuesta de Le Corbusier, en cuanto al cuidado prestado al itinerario y a la sección, pero incorporando la idea de que el edificio disponga de un gran espacio central que permita una referencia respecto al conjunto de la colección expuesta, otro de los grandes maestros, Frank Lloyd Wright, propone el Guggenheim Museum en New York (1943-1959).

La idea del contenedor de obras de arte y objetos a exponer que ofrezca posibilidades de flexibilizar el recorrido de la exposición e incluso el montaje de la misma o, más rotundamente aun, que ofrezca un espacio válido para exposiciones cambiantes, tiene su continuación en el Centro Pom-

central space providing a constant reference point for the exhibited collection, is the Guggenheim Museum in New York (1943-1959) by that other master Frank Lloyd Wright.

The idea of a versatile container for exhibiting both art and other objects, which offers the possibility of a flexible itinerary and room for hanging temporary exhibitions, is found in the Pompidou Centre in Paris. The building responds to the philosophy that generated it: the new conception of art and the museum is translated into open shelves equipped with the infrastructure required to house exhibits and other cultural activities. Another example with less programmatic pretension than the Pompidou Centre is the Sainsbury Centre for the Visual Arts. In the latter, the technology is purer and more moderate than in the Pompidou Centre, without the technical excesses of Beaubourg.

A less forthright idea but nevertheless Miesian in inspiration is used by Louis Kahn in the plan of the exhibition space for the Yale Centre for British Art and Studies (1967-1977). This project further developed the research into the section of the galleries that Kahn had begun in the Kimbell Art Museum (1967-1972). The space on the top floor is structured around gardens and organized so as to permit both the compartmentalization of rooms and the flexibility previously tested at the Yale University Art Gallery (1951-1953).

The success of Mies' idea, however, is limited. Used only schematically as con-

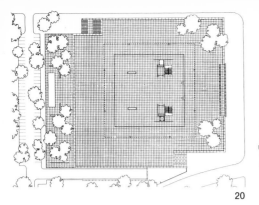

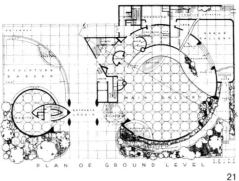

PLAN OF GROUND LEVEL

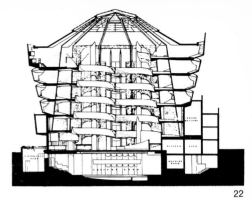

20

21

22

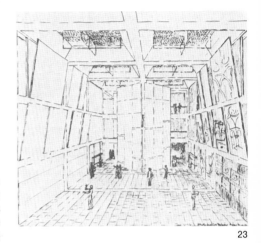

23

24

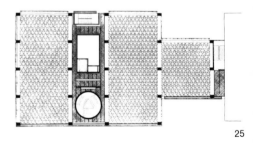

25

pidou de París. El edificio responde a la filosofía que lo generó, según la cual la nueva concepción del arte y el museo se traduce en ofrecer una estantería equipada con la infraestructura necesaria para albergar exposiciones y otras actividades culturales. Con menos pretensiones programáticas que el Centro Pompidou, está el Sainsbury Centre for the Visual Arts. En este edificio el soporte tecnológico se purifica respecto al Centro Pompidou y se modera sin abusar del alarde técnico como sucede en el Beaubourg.

Una idea no tan rotunda, pero también, en parte, de inspiración miesiana, es la utilizada por Kahn en la planta de exposición del Yale Center for British Art and Studies (1969-1977). El proyecto evolucionó desde los estudios de galerias en sección (tal como Kahn había desarrollado para el Kimbell Art Museum de 1967-1972), para situarla en la última planta, hasta la propuesta de una planta compacta, estructurada en torno a patios, y organizada según un espacio que permita al mismo tiempo la compartimentación en salas y la flexibilidad experimentada anteriormente en la Galeria de Arte de la Universidad de Yale (1951-1953).

La fortuna de la idea de Mies ha sido, por tanto, limitada. Utilizada sólo esquemáticamente en cuanto a espacio continuo flexible, esta flexibilidad no sirve para cuando se trata de albergar un museo tradicional de arte, en el que se requieren paredes y, hasta cierto punto, recintos o estancias con espacios limitados que ofrezca un cierto

tinuous flexible space, it does not work to house a traditional art museum, which needs walls, and to some extent enclosures with defined spaces, to create the repose and containment necessary to concentrate on the works of art.

To a great extent, museums are spaces for the circulation of the public, so that the relationship of entrances, corridors, vertical and horizontal connections, ramps, etc. to the exhibited works constitutes a fundamental element of the building. It was on this realisation that Le Corbusier based his proposal for a spiral itinerary. In certain museums these elements are an important part of the design. This is the case with the Louisiana Museum in Denmark by Jorgen Bo and Vilhelm Wohlert (1958-1982), Philip Johnson's Art Centre in Allentown (USA) (1976-1977), the Bispegaard Museum in Hamar (Norway) by Sverre Fehn (1967-1973) and the New Art Gallery in Munich by Alexander Freiherr von Branca (1974-1981).

Le Corbusier's idea for his Mundaneum was too rigid; like the eighteenth and nineteenth-century museums, it lacked the space necessary for a total understanding of the work exhibited, and the possibility of different and partial routes by which to view the collection, relying on interconnecting spaces rather than an imposed itinerary. Of these two possible solutions, the first was employed by Frank Lloyd Wright in the Guggenheim Museum and later by Gerrit Rietveld in the Van Gogh Museum in Amsterdam, in which different rooms are

20. Mies van der Rohe, Neue Nationalgalerie, Berlin (D), 1962-1968.
21/22. F. LL. Wright, Guggenheim Museum, New York, N.Y. (USA), 1943-1959.
23. L.l. Kahn, Yale Center for British Arts & Studies, New Haven, Conn. (USA), 1969-1977.
24. L.l. Kahn, Kimbell Art Museum, Fort Forth, Texas (USA), 1967-1972.
25. L.l. Kahn, Art Gallery, Yale University, New Haven, Conn. (USA), 1951-1953.

26

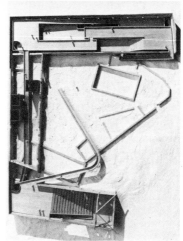

28

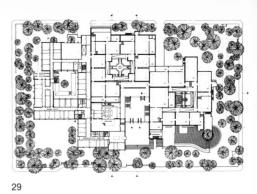

29

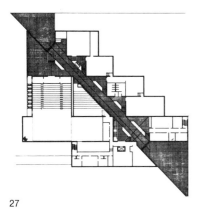

27

26.   J. Bo & V. Wohlert, Louisiana Museum, (DK), 1958-1982.
27.   Ph. Johnson & Burgee, Coston, Wallace & Watson, Art Center, Allentown, Penn. (USA), 1976-1977.
28.   S. Fehn, Bispegaard Museum, Hamar (N), 1967-1973.
29.   A.F. von Branca, Neue Pinakothek, München (D), 1974-1981.

sosiego y recogimiento que nos ayuden a concentrarnos en la obra de arte.

Sin duda, un museo es en gran medida un espacio de circulación de visitantes, por lo que los accesos, los pasillos, las comunicaciones verticales y horizontales, las rampas, etc., estén o no en relación directa con la obra expuesta, constituyen uno de los elementos fundamentales del edificio. Era en este aspecto que se basaba la propuesta de un recorrido en espiral de Le Corbusier. En algunos edificios para museos, estos elementos constituyen uno de los principales *leit-motiv* proyectuales. Tal es el caso del Museo Louisiana en Dinamarca de Jorgen Bo y Vilhelm Wohlert (1958-1982), o del Centro de Arte en Allentown de Philip Johnson (Estado Unidos de Norteamérica) (1976-1977), o del Bispegaard Museum en Hamar (Noruega) de Sverre Fehn (1967-1973), o de la Nueva Pinacoteca de Munich de Alexander Freiherr Von Branca (1974-1981).

La idea de Le Corbusier contenida en su Mundaneum era demasiado rígida, carecía de algo de lo que también adolecen los museos de los siglos XVIII y XIX: disponer de un espacio que permita, en la medida de lo posible, hacerse una idea de la totalidad de la obra expuesta o permitir recorridos distintos o parciales de la colección expuesta, ofreciendo espacios de comunicación alternativos a un itinerario impuesto. De estas dos posibles soluciones, la primera de ellas fue ya dada por Wright en el Guggenheim y posteriormente por Gerrit T. Rietveld en el Museo Van Gogh de Amsterdam (1973) en el que, lateralmente al patio central, diversas salas se articulan a diversos niveles. Esta misma solución ha tenido diverso eco en los recientes edificios para museos. Sin duda el Museo de Atlanta de Richard Meier se inspira en el Guggenheim

positioned at different levels beside the central court. The same idea has been echoed in recent museum buildings. The Atlanta Museum by Richard Meier, for example, is obviously inspired by the Guggenheim: the court forms a container for the circulation ramp and a place from which to gain a global image of the interior of the building. However, the relationship between the circulation ramp and the exibition rooms is undeveloped, which diminishes the effect achieved in the Guggenheim. In the East Wing of the National Gallery in Washington D.C. by I.M. Pei, the triangular central area unites the entrance with the other spaces. In the Yale Centre Kahn also organizes the building using two covered courts which permit a global reference to the building. In the Museum of Roman Art in Mérida (1980-1985) the great nave acts as a space which allows the whole collection to be viewed, while organizing the more detailed visit to the lateral secondary naves. This approach has its most immediate precedent in the work of Alvar Aalto: the Museum of Aalborg in Denmark (1958-1973) and the project for the Museum in Shiraz in Iran (1970). In these museums the idea of circulation in the galleries is combined with the idea of the total space towards which they converge or from which they spread out.

In other projects, such as the Museum of Modern Art in Frankfurt by Hollein (1983), several stairways allow access to different parts of the building from the hall. In Cesar Pelli's proposal for the Museum of Modern Art in New York, the concentration of circulation in a glassed-in space next to the existing sculpture garden is a similar solution. In the extension to the Staatsgalerie in Stuttgart by James Stirling and Michael Wilford, the central sphere of reference is

31

32

30

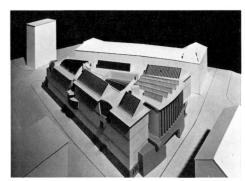

33

en cuanto a la composición del patio como contenedor de la rampa de circulación y como espacio desde el que es posible tener una imagen global del interior del museo. Sin embargo, la relación entre rampa de circulación y salas de exposición se niega con lo que la solución resulta menos conseguida que en el Guggenheim. En la East Wing de la National Gallery en Washington de I.M. Pei el espacio triangular central articula la entrada al edificio con los otros espacios. También Kahn, en el Yale Center, organiza el edificio mediante dos patios cubiertos, que permiten una referencia global del edificio. En el Museo de Arte Romano de Mérida (1980-1985), la gran nave actúa como espacio que permite visualizar toda la colección, a la vez que organiza la visita más detallada de las naves secundarias ortogonales. Este tipo de solución tiene sus precedentes más inmediatos en dos obras de Alvar Aalto: el Museo en Aalborg, Dinamarca (1958-1973) y el proyecto de Museo en Chiraz, Irán (1970). En ellos la idea de circulación en las galerías se combina con la idea de espacio total donde confluyen o desde donde parten éstas.

En otros proyectos, como en el Museo de Arte Moderno de Frankfurt de Hollein (1983), se permite, mediante diversas escaleras, el acceso alternativo desde el hall a las distintas partes del edificio. La propuesta de Pelli en el MOMA (Museum of Modern Art) de New York, al concentrar las circulaciones en un espacio acristalado junto al patio de esculturas ya existente, es una solución parecida aplicada a una remodelación.

En la ampliación de la Staatsgalerie de Stuttgart, obra de James Stirling y Michael Wilford, el espacio central de relación lo constituye el patio de esculturas al aire libre, por el que se hace pasar el sendero peatonal an open sculpture court through which a pedestrian walkway cuts across the museum. This idea of placing the exhibition rooms around a circular court is reminiscent of the Altes Museum by Schinkel in Berlin, and was already present in the works of the same architects participating in the competition for Düsseldorf.

Despite the increasingly innovative ideas for flexible spaces giving various circulation alternatives and even providing for expansion, the more recent examples of museum buildings use more or less traditional rooms, particularly for paintings. In the Portland Art Museum by Henry Cobb (1978-1982) a module is repeated in plan and in section from the stepped skylights. In the projects and buildings by Stirling a revitalization of the traditional room plan can be seen. The Holstebro Museum of Art (Denmark) by H. Kjaerholm (1976-1981) is also composed of rooms of varying size and longitudinal corridors. In the Dallas Art Museum by Edward Larrabee Barnes (1977-1983), or in the Contemporary Art Museum in Los Angeles (1982-1986) and the Okanoyama Graphic Art Museum (1982-1984) by Arata Isozaki, the rectangular rooms with varying top-lighting continue to be the principal elements of the building. In Mönchengladbach, Hans Hollein designs rooms with a certain flexibility. All these examples show that the room still constitutes the basic element of composition for art museums.

30. G.T. Rietveld, Van Gogh Museum, Amsterdam (NL), 1973.
31. A. Aalto, Modern Art Museum, Aalborg (DK), 1958-1973.
32. A. Aalto, Art Museum, Chiraz (IR), 1970.
33. H. Hollein, Museum für Moderne Kunst, Frankfurt (D), 1983.

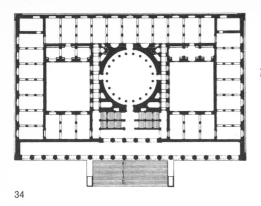

34

38

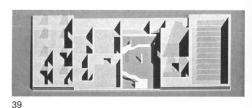

39

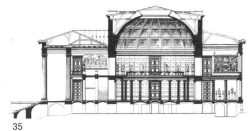

35

36

37

34/35. K.F. Schinkel, Altes Museum, Berlin (D), 1823-1830.
36. H. Cobb, Portland Museum of Art, Portland, Maine (USA), 1978-1982.
37. H. Kjaerholm, Art Museum, Holstebro (DK), 1976-1981.
38. E.L. Barnes, Dallas Museum of Art, Dallas, Texas (USA), 1977-1983.
39. A. Isozaki, Museum of Contemporary Art, Los Angeles (USA), 1982-1986.

que cruza el museo. Esta idea de situar las salas de exposición en torno a un patio circular rememora el Altes Museum de Schinkel en Berlin (1823-1830) y estaba ya presente en el proyecto de los mismos arquitectos presentado al concurso de Düsseldorf.

A pesar de las ideas más innovadoras de espacio flexible con posibilidad de circulaciones alternativas o incluso con la de previsión de crecimiento para el museo sigue vigente en los últimos ejemplos de edificios para museos el uso de la sala más o menos tradicional como habitáculo idóneo para exposición, sobre todo en caso de pinturas. En el Museo de Arte de Portland de Henry Cobb (1978-1982), el módulo sala se configura como el elemento que se repite en planta y en sección con una misma solución de linterna en la cubierta, aunque con alturas escalonadas. En los proyectos y realizaciones de Stirling puede apreciarse también una revitalización de la tradicional organización en salas. También el Museo de Arte de Holstebro, en Dinamarca, de H. Kjaerholm (1976-1981), está formado por salas de diversos tamaños y galerías longitudinales. En el Museo de Arte en Dallas, de Edward Larrabee Barnes (1977-1983) o en el de Arte Contemporáneo de Los Angeles (1982-1986) o en el Okanoyama Graphic Art Museum (1982-1984) ambos de Arata Isozaki, las salas ortogonales con diversos tipos de iluminación cenital siguen constituyendo los elementos principales del edificio. En Mönchengladbach, Hans Hollein propone salas con cierta flexibilidad. Todos estos ejemplos nos muestran cómo la sala sigue constituyendo el elemento de composición básico de un museo de arte.

3. Exposición y conservación de los objetos

El mostrar obras de arte y objetos valiosos debe hacerse compatible con algo que en principio parece no serlo: preservar estos

3. Display and conservation of objects

The exhibiting of art works and valuable objects must concord with what at first sight seems contradictory: their protection from an environment which discourages their conservation.

The architecture must control the environment to enable both display and conservation. Environmental control in the case of museums involves the regulation of the climate (air, humidity, temperature) and the light. The control of the climate through artificial means can be precise enough both to ensure that the exhibits themselves are never damaged, and to cater adequately for visitors. The work of art, particularly certain kinds of drawings and paintings, can suffer significant deterioration when exposed continuously to certain forms of radiation. It is necessary in some cases to ration the time of display. At the same time, the illumination must allow the full spectrum of colours to be seen, and because artificial lighting is often inadequate it must be combined with daylight, from which harmful ultraviolet rays must be filtered. After an increase in enclosed rooms solely illuminated with artificial lighting, in the more recent museums we now find more care taken in the design of the section of galleries and their roof structures which combine natural and artificial light and therefore contribute to climate control.

As far as illumination is concerned, the section of the Sainsbury Centre is of special interest. Here, the walls and roofs – the whole three-dimensional envelope – houses between the interior and exterior skins all the technical equipment. Another interesting example of environmental control in a highly designed technical plan is the project by Renzo Piano for the Menil Collection in Houston (1980). The treatment of the ceiling and the roof in the extensions to the Staatsgalerie, the Tate

40

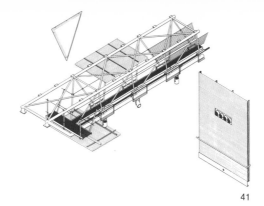

41

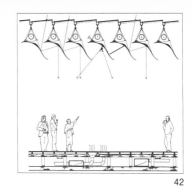

42

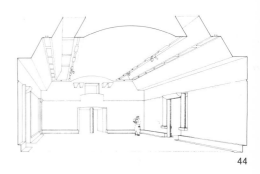

43

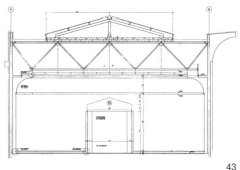

44

objetos del medio que le es desfavorable a su conservación.

La arquitectura debe controlar el ambiente para hacer posible la conjunción entre el mostrar y el conservar. El control del ambiente significa, en el caso de un museo, actuar sobre el clima (aire, humedad, temperatura) y la luz. El control del clima utilizando medios artificiales puede llegar a ser lo suficientemente preciso para que no dañe en lo más mínimo la obra de arte y sea, a la vez, el adecuado para el visitante. La obra de arte, en especial algunos tipos de pintura y dibujos, puede sufrir un grave deterioro sometida a exposición continuada bajo ciertas radiaciones. Se hace preciso en algunos casos racionar el tiempo de exposición. A la vez la iluminación debe permitir visualizar todo el espectro de colores, por lo que la iluminación artificial es a menudo insuficiente y debe combinarse con la natural, de la cual pueden filtrarse los rayos ultra-violetas, asimismo perjudiciales. Despés de un cierto período de auge de las salas cerradas, iluminadas sólo artificialmente, podemos observar cómo en los últimos museos se vuelve a poner especial cuidado en la correcta solución de la sección de la salas y concretamente en la solución de los techos técnicos en los que se combina la iluminación natural con la artificial y con el control del clima.

En cuanto a la iluminación, es de especial interés la solución de la sección del Sainsbury Centre, donde paredes y techos, todo el pórtico tridimensional, albergan entre la piel exterior e interior el conjunto de instalaciones técnicas. Otro ejemplo interesante de control, desde una solución altamente diseñada y tecnificada, de la luz natural y artificial, es el proyecto de Renzo Piano para la Colección Menil en Houston (1980). El techo de las salas de las ampliaciones de la Staatsgalerie de Stuttgart, de la Tate y del Fogg Museum, mostraría la recuperación de una línea tradicional de estudio de

and the Fogg Museum shows a return to a traditional style of museum roof. In these designs by Stirling, the decoration of the exhibition rooms and doors follow pseudo-classical forms, although it is carried out with the help of mixed technologies.

In the Museum of Art in Portland, Maine, by Henry Cobb, the square rooms are illuminated by skylights in the polyhedral domes whose forms are inspired by John Soane's Dulwich Gallery (1811). A similar system of skylights is employed in examples such as the Yale Centre for British Art in New Haven and in the Fine Arts Museum in Los Angeles. In proposals where an essential role is played by the use of daylight such as the Museum of Roman Art in Mérida and the Municipal Museum in Mönchengladbach, a system of linear skylights or shutters is used, suggesting an industrial aesthetic. In other cases, the search for daylight is combined with the site planning of the museum, resulting in the integration of the building with the surrounding landscape or urban context. This is the case with the Art Museum in Holstebro, the New Art Gallery in Munich, the Museum of Anthropology in Vancouver (1975) and the Burrell Collection in Glasgow by Barry Gasson (1972-1983). Some of the precedents for this type of siting are the Louisiana Museum in Denmark, the Oakland Museum in California by Kevin Roche and John Dinkeloo (1962-1968) and the Maeght and Joan Miró Foundations in St Paul de Vence (1964) and Barcelona (1975) by Josep Lluís Sert.

Another aspect of special importance to museums is the way the objects are displayed the disposition of support systems, pedestals, showcases, etc. In this context, we should examine projects by Hollein, in particular the Museum of Glass and Ceramics in Teheran (1977-1979). It is also helpful to recall the works in the Italian tradition such as the Palazzo Bianco by Franco Albini (1950-1951) and the

40. A. Isozaki, Okanoyama Graphic Art Museum, Nishiwaki (J), 1982-1984.
41. N. Foster Assoc., Sainsbury Centre for the Visual Arts, Norwich (GB), 1974-1978.
42. R. Piano, Menil Collection, Houston, Texas (USA), 1980.
43. J. Stirling, M. Wilford & Assoc., Neue Staatsgalerie, Stuttgart (D), 1977-1984.
44. J. Stirling, M. Wilford & Assoc., ampliación de la Tate Gallery/Tate Gallery Extension, London (GB), 1981-1985.

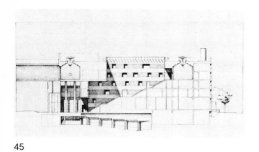

45

47

50

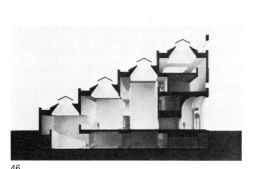

46

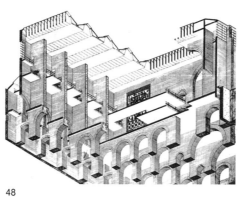

48

51

49

52

45. J. Stirling, M. Wilford & Assoc., ampliación del Fogg Museum of Art/Extension to the Fogg Museum of Art, Harvard, Cambridge, Mass. (USA), 1981-1985.
46. H. Cobb, Portland Museum of Art, Portland, Maine (USA), 1978-1982.
47. J. Soane, Dulwich Art Gallery, London (GB), 1811.
48. R. Moneo, Museo de Arte Romano, Mérida (E), 1980-1985.
49. H. Hollein, Städtisches Museum Abteiberg, Mönchengladbach (D), 1972-1982.
50. H. Kjoerholm, Art Museum, Holstebro (DK), 1976-1981.
51. Barry Gasson, Burrell Collection, Glasgow (GB), 1972-1983.
52. J. Bo & V. Wohlert, Louisiana Museum, (DK), 1958-1982.

53

54

55

los techos de los museos. En estos ejemplos de Stirling, el ornato de las salas y las puertas adoptan formas seudoclásicas, aunque éstas se consigan con la ayuda de tecnologías mixtas.

En el Museo de Arte de Portland, Maine, de H. Cobb, las salas cuadradas se iluminan mediante las linternas de sus cúpulas poliédricas, inspirándose en las formas de la Dulwich Gallery de John Soane (1811). Un sistema parecido de lucernarios se ha utilizado en ejemplos como el Yale Centre for British Art en New Haven o en el Museo de Bellas Artes de Los Angeles. En propuestas en las que se ha otorgado un papel esencial a la iluminación natural, tales como el Museo de Arte Romano de Mérida y el Museo Municipal de Mönchengladbach, se ha recurrido a un sistema de lucernarios lineales y a un sistema de diente de sierra o *sheds*, respectivamente, próximos a la estética industrial.

En otros casos, la búsqueda de iluminación natural se compagina con la implantación extensiva del museo, con lo que se consigue la integración del edificio con el entorno paisajístico natural o urbano. Este sería el caso de el Museo de Arte en Holstebro, de la Nueva Pinacoteca de Munich, el Museo de Antropología en Vancouver (1975) o la Burrell Collection en Glasgow de Barry Gasson (1972-1983). Antecedentes de este tipo de implantación más paisajística son: el Museo Louisiana en Dinamarca, el Museo en Oakland (California) de Kevin Roche y John Dinkeloo (1962-1968) o las Fundaciones Maeght y Joan Miró en St. Paul de Vence (1964) y en Barcelona (1975), respectivametne, de Josep Lluís Sert.

En cuanto a otro aspecto de especial importancia en un museo, como es la forma de exponer los objetos, es decir, la disposición de los soportes, peanas, vitrinas, etc., cabe hacer especial mención de los proyec-

Museum of the Treasury by San Lorenzo (1954-1956), both in Genoa; the work of Belgioioso, Peressutti and Rogers in the Castello Sforzesco in Milan (1954-1956); and works by Carlo Scarpa such as the Palazzo Abatellis in Palermo (1953-1954), the Canoviano Plaster Museum in Possagno (1956-1957) and the Civic Museum of Castelvecchio in Verona (1957-1964). In all these examples the containing space and the contained object are complementary: each one interprets and accentuates the quality of the other.

To a certain extent, the interventions by Gae Aulenti in the Gare d'Orsay (1980-1986) and in the Pompidou Centre perpetuate this Italian style, closely relating the interior spaces of the museum and the container to each work of art to be displayed.

Generally, if we examine the relationship between the object on display and the treatment of the surrounding space, we can see how in Mönchengladbach, in the Museum at the Gare d'Orsay and in the Museum of Anthropology in Vancouver the work of art is integrated with its surroundings. The architecture of museums is seen as being closely linked to the type of object and works of art that are displayed. The difference between a museum and a market or a simple container lies precisely in the fact that its architecture has to complement, or even to act as a foil for, the object on exhibition.

4. The museum as a city monument

Finally the museums of the last ten years distinguish themselves quite clearly from their predecessors. This applies both to their own form and to their contextual situation.

In general, today's museums are concentrating more on the figurative than the

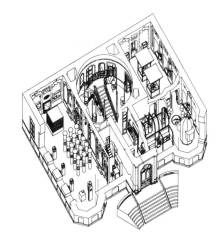

57

53. K. Roche & J. Dinkeloo, Oakland Museum, Oakland, California (USA), 1962-1968.
54. J.L. Sert, Fondation Maeght, St. Paul de Vence (F), 1964.
55. J.L. Sert, Fundació Joan Miró, Barcelona (E), 1975.
56/57. H. Hollein, Museum of Glass & Ceramics, Teheran (IR), 1977-1979.

58

62

64

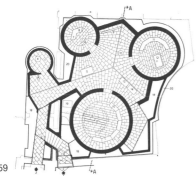

59

63

65

60

61

58. F. Albini, Palazzo Bianco, Genova (I), 1950-1951.
59. F. Albini, Museo del Tesoro di San Lorenzo, Genova (I), 1954-1956.
60. Belgioso, Peressutti & Rogers, Castello Sforzesco, Milano (I), 1954-1956.
61. C. Scarpa, Palazzo Abatellis, Palermo (I), 1953-1954.

tos de Hollein, en especial el Museo del Vidrio y la Cerámica de Teherán (1977-1979). Recordemos en este sentido la tradición italiana con realizaciones como las de Franco Albini en el Palazzo Bianco (1950-1951), y en el Museo del Tesoro de San Lorenzo (1954-1956), ambos en Génova; las de Belgioioso, Peressutti y Rogers en el Castello Sforzesco de Milán (1954-1956) y las de Carlo Scarpa en el Palazzo Abatellis de Palermo (1953-1954), en la Gipsoteca Canoviana de Possagno (1956-1957) y en el Museo cívico de Castelvecchio en Verona (1957-1964). En todos ellos, la relación entre espacio contenedor y objeto contenido se resolvía en términos de complementariedad: cada uno acentúa e interpreta la calidad del otro.

En cierta manera, las intervenciones de Gae Aulenti en la Gare d'Orsay (1980-1986) y en el Centro Pompidou continúan esta línea italiana de pensar el espacio interno del museo y los contenedores en función y estrecha relación con cada obra de arte a exponer.

En términos generales, si nos referimos a la relación entre objeto expuesto y ambientación del espacio circundante, podemos comprobar cómo en Mönchengledbach, en el Museo del siglo XIX de la Gare d'Orsay o en el Museo de Antropología de Vancouver, se consigue una integración entre obra de arte y entorno. La arquitectura del museo se concibe estrechamente ligada al

abstract aspects of form. And those which tend towards the abstract like the museum in the Prinz Albrecht Palais in Berlin by Giorgio Grassi (1984), the German Architecture Museum in Frankfurt by Ungers (1984) and the Museum of Roman Art in Mérida by Moneo, have a clear model in mind: the palace, the primitive hut or the Roman nave structure. In the majority of the contemporary museums, the architecture that predominates is either figurative recreation or typological recreation. Neutrality is abandoned in favour of encouraging spatial diversity and enhancing the architecture itself. In many cases the interior is no longer neutral but rather takes on an individual quality.

The attitude towards the surroundings is directly opposed to the paradigmatic proposals by Mies and Le Corbusier, and even to the styles of the Pompidou and Sainsbury Centres, both of which are created autonomously out of a specific location. The respect for the surroundings, urban and geographical — the stress on contextualism — is predominant in many of the more recent museums. Some of these are extensions or remodellings and rely on pre-existing architecture. Consequently, the landscape, the city and the existing architecture are seen as positive and dependent data, as decisive references. In this way they extend the Italian

tipo de objeto y obras de arte que se exponen, ya que la diferencia entre un museo y un almacén o contenedor estriba precisamente en la capacidad que la arquitectura del edificio tenga para ayudar, y aún realzar, la exhibición de los objetos museables.

4. El museo como monumento urbano

Por lo que respecta a la forma, estos museos de los últimos diez años tienden a diferenciarse con bastante claridad de los anteriores. Y esto ocurre tanto en sus propias formas como en su situación respecto al contexto.

En su propia forma el museo actual opta, en general, por recrear más los aspectos figurativos que los abstractos. Y en aquellos en que se mantiene una actitud más abstracta –como el Museo en el Prinz Albrecht Palais de Berlín de Giorgio Grassi (1984), en el Museo Alemán de Arquitectura en Frankfurt de Ungers (1984) o en el Museo de Arte Romano en Mérida de Moneo–, se hace sobre el soporte de una clara y contundente referencia tipológica: el palacio, la casa primigenia o la nave de estructura romana. Y si entendemos esta referencia tipológica como otra manifestación de voluntad formal, tendremos que en la mayoría de estos museos contemporáneos predomina la arquitectura, ya sea como recreación figurativa o como recreación tipológica. Se abandona cualquier tipo de neutralidad para desarrollar espacios marcados por la tendencia a la diversidad y por el carácter de la arquitectura misma. En muchos casos el interior ya no es neutro, sino que tiende a adoptar un carácter propio, que surge de la relación con la obra y de la voluntad de realzarla.

Por otra parte, respecto al entorno, la actitud que se adopta es totalmente opuesta a la de las propuestas paradigmáticas de Mies o de Le Corbusier, o incluso opuesta a la del Centro Pompidou y al Sainsbury Centre, pensadas autónomamente de cualquier ubicación concreta. El respeto por el entorno, tanto paisajístico como urbano, es decir, la actitud del contextualismo, predomina en muchos de los últimos museos. Una parte de éstos se soporta en arquitecturas preexistentes, siendo ampliaciones o rehabilitaciones. Por tanto, paisaje, ciudad y arquitectura existentes son tomados como datos positivos y vinculantes, como referencias decisivas. En esto se continúa sobre la tradición y sensibilidad italiana de museos instalados en edificios antiguos, con gran respeto ambiental, actitud que encontramos también en el Museo de Historia en Hohen Ufer, Hannover, de Dieter Oesterlen (1960-1966).

tradition: the idea that museums should be located in old, existing buildings, respecting the environment. This attitude is also reflected in the History Museum on Hohes Ufer, Hanover by Dieter Oesterlen (1960-1966).

The concept which synthesizes these figurative aspects of the buildings with concern for their urban role is that of the monument as it is defined by Aldo Rossi in *The Architecture of the City*. The museum today fully expresses its role, as a public and cultural centre, revitalizing the city. Many of the museums incorporate essential elements of the city: the square and the pedestrian path in the projects by Stirling for Cologne and Stuttgart; the terraces in the Municipal Museum in Mönchengladbach; the nineteenth-century arcades in the renovation of the Gare d'Orsay; the stepped and landscaped plazas in the Oakland Museum by Kevin Roche.

Some of the recent museums, especially the German ones, show a different attitude towards the user somewhat similar to the Pompidou Centre, and are clearly influenced by the trends and vistas opened up by Pop Art and the culture of the mass media. These museums include many figurative, communicative and functional aspects catering for the public. Mass tourism, too, brings eager crowds to these museums, delighted to contemplate both the works of art and the attractive, and sometimes provocative, buildings that house them.

This concern for context is also reflected in the number of museums that take their cue from existing buildings. At present, architecture coexists with and is built next to the buildings of the past.

In the case of extensions we find examples of mimesis (both literal and interpretative) with the existing building and examples where the reference is merely abstract or conceptual. In the first group are the Allen Memorial Art Museum in Ohio by Robert Venturi (1973-1977) and the Tate Gallery extension by Stirling. The second group includes the Arts and Crafts Museum in Frankfurt by Richard Meier, the extension to the Fogg Museum and the Staatsgalerie in Stuttgart by Stirling, the East Wing of the National Gallery in Washington D.C. by I.M. Pei, the Museum of Modern Art extension by Cesar Pelli and the Museum of Prehistoric and Ancient History in Frankfurt by J.P. Kleihues (1980). Also worthy of mention are the polemical extensions to the Whitney Museum by Michael Graves (1985) and to the Guggenheim by Gwathmey and Siegel (1985). In the case of existing buildings, we find examples of clear-cut unifying interventions that introduce

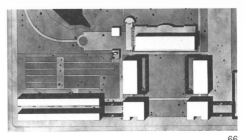

66

67

68

69

62. C. Scarpa, Gipsoteca Canoviana, Possagno (I), 1956-1957.
63. C. Scarpa, Museo Civico, Castelvecchio, Verona (I), 1958-1964.
64. G. Aulenti, Musée d'Orsay, Paris (F), 1980-1986.
65. G. Aulenti, Musée National d'Art Moderne, Centre Pompidou, Paris (F), 1985.
66. G. Grassi, Prinz Albrecht Palais Museum, Berlin (D), 1984.
67. O.M. Ungers, Deutsches Architekturmuseum, Frankfurt (D), 1984.
68. R. Moneo, Museo de Arte Romano, Mérida (E), 1980-1985.
69. D. Oesterlen, Historisches Museum am Hohen Ufer, Hannover (D), 1960.-1966.

23

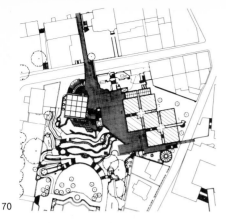

70

71

72

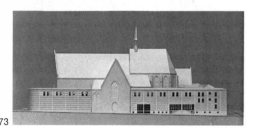

73

70. H. Hollein, Städtisches Museum Abteiberg. Mönchengladbach (D), 1972-1982.
71. Venturi & Rauch, Allen Memorial Art Museum, Oberlin College, Oberlin, Ohio (USA), 1973-1977.
72. R. Meier, Museum für Kunsthandwerk, Frankfurt (D), 1979-1985.
73. J.P. Kleihues, Museum für Vor-und Frühgeschichte, Frankfurt (D), 1980.
74. M. Graves, ampliación del Whitney Museum/-Extension to the Whitney Museum, New York, N.Y. (USA), 1985.
75. F. Albini, F. Helg, A. Piva & M. Albini, Museo di Sant' Agostino, Genova, (I), 1965-1978.

El concepto que sintetiza tanto estos aspectos figurativos propios del edificio con este cuidadoso papel urbano sería el que reformuló Aldo Rossi en su texto *La arquitectura de la ciudad*: el monumento. El museo actual exprime al máximo su vocación de monumento, de foco cultural de carácter público que va a revitalizar la ciudad. Muchos de estos museos toman como principal referencia los elementos esenciales de la ciudad: la plaza y el itinerario peatonal en los proyectos de Stirling para Colonia y Stuttgart; las terrazas en el Museo de Mönchengladbach, los pasajes de la ciudad del siglo XIX en la reconversión de la Gare d'Orsay; las plazas ajardinadas escalonadas en el Museo de Oakland, de Kevin Roche, etc.

Parte de los museos recientes, especialmente los alemanes, muestran una actitud diferente respecto al usuario, con cierto parentesco con el Centro Pompidou y una clara influencia de las corrientes abiertas por el arte pop y la cultura de los mass-media. Estos museos incluyen aspectos figurativos, comunicativos y funcionales pensados para acercarse al máximo al público. El fenómeno del turismo de masas acerca a estos museos multitudes ávidas de contemplar, desde un espíritu desacralizado y hedonista, tanto las obras de arte como unos contenedores atractivos y sugerentes por ellos mismos.

Esta situación de respeto por el contexto se refleja también en la cantidad de museos que toman como referencia un edificio existente. En la actual situación, la arquitectura convive y se realiza en relación con lo viejo, con la historia.

En el caso de ampliaciones, encontramos casos tanto de mímesis respecto al edificio existente (ya sea una mímesis más literal o más interpretativa) como casos en los que el referente se toma sólo de una manera abstracta y conceptual. En el primer grupo estarían el Allen Memorial Art Museum en Ohio de Robert Venturi (1973-1977) o la ampliación de la Tate Gallery de Stirling. Y en el segundo encontraríamos el Museo de Artes Decorativas en Frankfurt de Richard Meier, las ampliaciones del Fogg y de la Staatsgalerie en Stuttgart de Stirling, el East Wing de la National Gallery en Washington de Pei, la ampliación del MOMA de Cesar Pelli y el Museo de Prehistoria e Historia Antigua en Frankfurt de J.P. Kleihues (1980). Cabe también citar las polémicas ampliaciones del Whitney por M. Graves (1985) y del Guggenheim por Gwathmey y Siegel (1985). Respecto a las rehabilitaciones podemos encontrar tantos casos en que con la intervención, decidida y unificante, se introduce un claro orden en el edificio (es el caso del Museo de Sant'Agostino en Gé-

order into the building, as in the Sant' Agostino Museum in Genoa by Albini and Helg (1965-1978), but also others that have not managed to eliminate disorder and fragmentation.

We have shown that the monumental emphasis is achieved essentially in two ways. On the one hand, clear typological references are used. And on the other, the public and monumental character of the museum is expressed by resuscitating the idea of monumental spaces from historic examples like the portico or the circular interior of Schinkel's Altes Museum in Berlin. A good example of this approach is the restructuring of the Alte Pinakothek in Munich (1952-1957) following its partial destruction during the Second World War. The architect Hans Döllgast introduced a double system of long flights of steps: a completely new and modern structure, with a rising staircase contained between walls both for effect, and to acclimatize the visitor to its monumental and measured character. The main stairway in the Fogg Museum extension—though smaller in size—with its skylight and axial position has a similarly emphatic structuring function. The circular court in Stuttgart, the Atlanta Museum's quarter circle central area, the platforms in Mönchengladbach, and the Roman nave in Mérida, all play similar roles as interior spaces that seek to retrieve the monumental and hierarchical character of the traditional museum.

Finally, the great figurative value of some of these museums is a crucial factor. The building itself tends to become the principal object of value for the public, which is often as interested in seeing the museum itself as the works of art it contains. This may be a reflection of the spirit of our times, which, as far as museum architecture is concerned, prefers a largely postmodernist and hedonistic architectural dominance.

Today's museums, presented as creative works, tend to be total art forms; they are an excellent arena in which to express the different currents in contemporary architecture. A survey of these museums constitutes a panoramic view of the different discourses within which the architectural elites operate. The most nostalgic elements as far as historical periods, forms, and pre-industrial materials are concerned, can be seen in Leon Krier's proposal for the Sprengelmuseum competition in Hanover (1972). The formal approach of Oswald Mathias Ungers, both in the interpretation of forms and in the definition of abstract orders, is expressed in his project for the Schloss Morsbroich Museum in Leverkusen (1976), the project presented for the

nova de Albini y Helg, 1965-1978), como que la intervención no sea del todo capaz de eliminar el desorden y la fragmentación. El énfasis en el carácter monumental comprobamos que se realiza esencialmente sobre dos soportes. Por una parte, utilizando claras referencias tipológicas. Por otra, este carácter público y monumental del museo se quiere expresar recuperando la idea de espacios monumentales de los ejemplos de la historia, como el pórtico o el espacio interior circular del Altes Museum en Berlín de Schinkel. Uno de los casos más ejemplares de esta actitud se daría en la intervención de reestructuración de la Antigua Pinacoteca de Munich (1952-1957), a raíz de su parcial destrucción a causa de la guerra mundial, introduciendo el arquitecto Hans Döllgast un doble sistema de largas escalinatas: un espacio totalmente nuevo, de impronta moderna, con una ascendente escalera entre muros con la misión de predisponer y ambientar a los visitantes con su carácter monumental y acompasado. La escalera principal de la ampliación del Fogg Museum of Art, aunque de un tamaño menor, con su lucernario y su situación axial, tiene una misión enfática y estructuradora semejante. La plaza circular en Stuttgart, el espacio central de planta en forma de cuarto de círculo en el Museo de Atlanta, las plataformas de Mönchengladbach, o la nave romana de Mérida, cumplen semejantes papeles como espacios interiores que quieren recuperar el carácter monumental y jerárquico de algunas partes del museo tradicional. Por último, el alto valor figurativo que alcanzan algunos de estos museos, se convierte en uno de sus valores más definitorios. El edificio tiende a convertirse en la principal pieza de valor y el público, en bastantes casos, va a ir a visitar estos museos tanto por las obras de arte coleccionadas como por el mismo edificio. Es posible que la sensibilidad para captar el espíritu de los tiempos presentes consista, en el terreno de la arquitectura para museos, en esta oferta de unos edificios en los que sea tan fuerte la preponderancia de la arquitectura, del envolvente, y en los que sea tan predominante esta estética más posmoderna y hedonista.

Los museos actuales, planteados como obras de creación, tendiendo a ser obras de arte total, son un excelente terreno para expresar las diferentes tendencias de la última arquitectura. Un repaso a estos museos constituye en realidad una panorámica respecto a los diversos ejercicios lingüísticos dentro de los que las élites de la arquitectura se mueven.

La corriente más nostálgica con los períodos, formas y materiales preindustriales tiene su ejemplo en la propuesta de Leon

Museum of Modern Art competition in Frankfurt, and the German Architecture Museum in Frankfurt. The approach of Josef Paul Kleihues, the result of a rigorous analysis of historical forms expressed in careful neorationalist language, is used in several projects: the proposal for the Sprenglermuseum, the Blankenheim Museum, the Jewish Museum and the Museum of Prehistoric and Ancient History in Frankfurt.

Another trend to be found in recent museums is high-tech. Several of the flexible museums, perceived as containers, have used the most advanced technologies and materials expressively: from the Pompidou Centre and the Sainsbury Centre to the museum at La Villette by Fainsilber and, in some ways, the Air and Space Museum in Washington D.C., the Museum of Anthropology in Vancouver and the remodelling of the Gare d'Orsay by Gae Aulenti. Aulenti's museum works achieve a highly contemporary and representative formal result by combining various elements: the Italian museum tradition, technological optimism, and an aesthetic more in tune with contemporary sensibilities.

On the North American front we find at one extreme the work of Frank O. Gehry. This includes the Air and Space Museum, the Temporary Contemporary/MOCA (1983), and the Cabrillo Marine Museum in Los Angeles. In these he develops an architecture linked to the artistic environment of California, advocating the use of collage, tension and diversity of form. At the other extreme is the work of I.M. Pei and Partners. In the East Wing of the National Gallery of Art in Washington D.C., the extension to the Museum of Fine Arts in Boston and the Fine Arts Museum in Portland, Pei favours the formal guidelines set out by his teacher Louis Kahn.

Richard Meier, though linked to the prevailing moral and formal utopia of the Modern Movement – and Le Corbusier in particular – has developed an architecture which is essentially an exercise in language with mannerist elements.

When Arata Isozaki tackled the problem of museums – the Fine Arts Museum in Los Angeles, the Okanoyama Graphic Art Museum in Nishiwaki, Japan (1982-1984), the Gunma Municipal Museum of Fine Art in Takasaki (1972-1974), and the Kitakynschu Municipal Museum (1974-1975) – he combined the rigorous composition of simple volumes with a gradual reintroduction of pictorial and ornamental aspects, and had singularly beautiful results.

Finally, the theme of the museum has been predominant in the work of two distinguished European architects for the past fif-

74

75

76

77

76. H. Döllgast, restructuración de la Alte Pinakothek/Restructuring of the Old Art Galery, München, 1952-1957.

77. J. Stirling, M. Wilford & Assoc., ampliación del Fogg Museum of Art (Museo Sackler)/Sackler Museum (an extension to the Fogg Museum of Art), Harvard University, Cambridge, Mass. (USA), 1981-1985.

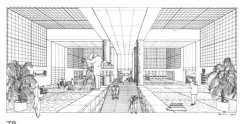

78

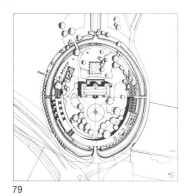

79

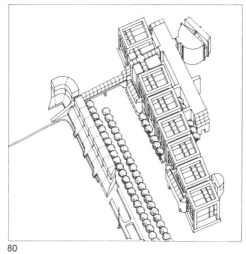

80

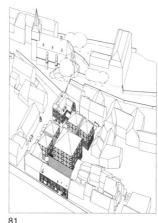

81

82

83

78.   L. Krier, Sprengelmuseum, Hannover (D), 1972.
79.   O.M. Ungers, Museum Schloss Morsbroich, Leverkusen (D), 1976.
80.   J.P. Kleihues, Sprengelmuseum, Hannover (D), 1972.
81.   J.P. Kleihues, Museum Blankenheim, Blankenheim (D), 1976-1980.
82.   F.O. Gehry, Cabrillo Marine Museum, San Pedro, California (USA), 1979.
83.   I.M. Pei & Partners, ampliación del Fine Arts Museum/Extension to the Museum of Fine Arts, Boston, Mass. (USA), 1977-1981.

Krier para el concurso del Sprengelmuseum de Hannover (1972). Y la postura formal de Oswald Mathias Ungers, que confía tanto en la interpretación del repertorio de las formas como en la definición de órdenes abstractos, ligados al universo de las leyes geométricas, se ha expresado en el proyecto para el Museum Schloss Morsbroich en Leverkusen de 1976, en el proyecto presentado para el concurso del Museo de Arte Moderno en Frankfurt y en su Museo Alemán de Arquitectura en Frankfurt. La vía trazada por Josef Paul Kleihues, resultado de un riguroso análisis de las formas de la historia que se expresa en un cuidadoso y neorracionalista lenguaje se ha concretado en bastantes proyectos: la propuesta para el concurso del Sprengelmuseum, el museo en Blankenheim, el Museo Judío y el Museo de Prehistoria e Historia Antigua en Frankfurt.

Otra línea que tiene su expresión en los museos recientes es la *high tech* o hipertecnológica. La confianza en el uso y expresividad de las más avanzadas tecnologías y materiales es elemento predominante y común de bastantes obras que han tendido a configurar más bien museos flexibles

teen years. The work of Hans Hollein (Mönchengladbach, Frankfurt, Teheran, the Freud Museum, etc.) reflects the search for a total work of art: the capacity to synthesize materials, forms, and poetics from different sources which undoubtedly comes from his knowledge and participation in the artistic avant garde of the 1960s and 1970s. James Stirling, who has worked extensively on museums (Düsseldorf, Cologne, Stuttgart, the Tate Gallery, the Fogg Museum, etc.) has developed a synthetic style by combining various elements: high-tech with traditional materials, beaux-arts spaces with modern ones, abstract with figurative elements etc., creating works in which both eclecticism and the desire to please the public are essential. A predominant or unifying factor in all these museums is the architectural debt to the English picturesque tradition, which results in the need to comprehend the different spaces sequentially.

Perhaps the two museums which best represent the characteristics of this last generation are the Municipal Museum in Mönchengladbach by Hollein and the Staatsgalerie extension by Stirling. Both

entendidos como contenedores: desde el Centro Pompidou y el Sainsbury Centre hasta el Museo en La Villette de Fainsilber o en cierta manera también el Air and Space Museum en Washington, el Museo de Antropología en Vancouver y la intervención en la Gare d'Orsay de Gae Aulenti. En la obra museística de Aulenti confluyen ponderadamente diferentes tradiciones configurando un resultado formal representativo de la más alta calidad actual: la tradición museística italiana, el optimismo tecnológico, y una estética más en sintonía con la sensibilidad contemporánea.

Dentro del panorama norteamericano podemos encontrar en un extremo obras de Frank O. Gehry –nos referimos al Air and Space Museum, al Temporary Contemporary/MOCA (1983), y al Cabrillo Marine Museum en Los Angeles– que desarrolla una arquitectura ligada al ambiente artístico californiano, amante del *collage*, la diversidad y la tensión de las formas. Y en otro extremo la obra de Ieoh Ming Pei and Partners, autor del East Wing de la National Gallery of Art en Washington, de la ampliación del Fine Arts Museum de Boston, y del Fine Arts Museum en Portland, que en gran medida sigue las pautas formales señaladas por su maestro Louis Kahn.

Richard Meier, aunque ligado a la pervivencia de la utopía moral y formal del Movimiento Moderno, especialmente Le Corbusier, de hecho desarrolla una arquitectura que es esencialmente un ejercicio de lenguaje, en cierta manera manierista. En los casos en que Arata Isozaki ha abordado el tema de los museos, el Museo Municipal de Bellas Artes de Gunma en Takasaki (1972-1974), el Museo Municipal de Kitakynschu (1974-1975), el Museo de Bellas Artes de Los Angeles y el Okanoyama Graphic Art Museum en Nishiwaki, Japón (1982-1984), ha desarrollado una obra en que la combinación de un riguroso trabajo en torno a los volúmenes simples y sus leyes de agregación junto con la paulatina recreación de aspectos ornamentales y pictóricos, le ha llevado a resultados singularmente bellos. Y por último, es indudable que en la obra de los últimos quince años de dos arquitectos europeos distinguidos, el tema de los museos ha sido predominante. En la obra de Hans Hollein, –Mönchengladbach, Frankfurt, Teherán, el Museo Freud, etc.– destaca esta búsqueda de la obra de arte total, esta capacidad para sintetizar materiales, formas y poéticas de distinta procedencia que indudablemente surgen de su conocimiento y participación en las vanguardias artísticas europeas de los años sesenta y setenta. James Stirling, con un itinerario proyectual marcado por museos –Dusseldorf, Colonia, Stuttgart, Tate Gallery, Fogg,

84

show how the increasing complexity of the museum programmes requires a variety of solutions. The first tends towards a volumetric disintegration and dissemination; the second maintains a certain hierarchy and order to express the diversity of the whole.

Conclusions: The contemporary museum, space of synthesis between art and architecture

The Museums of the last generation are characterised by the following: a growing programmatic complexity transcending neutral and homogenous structures as well as traditional museum systems based solely on exhibition spaces; the crisis of the myth of flexible museum space and the tendency to revert to the idea of rooms as the basic element of composition, particularly in the case of art museums; the utilization of daylight and the desire to enhance the object exhibited within the space; and the search for forms in which the typological references and linguistic and figurative elements predominate, as well as an acute awareness of the building within its urban context. In every sense, these characteristics allow for diversity. To some extent, the many solutions to the contemporary museum are also a characteristic of its form: museums as containers and the retrieving of traditional typologies; urban museums, landscape museums and ecomuseums; traditional technologies, mixed technologies and high-tech; artificial illumination and the use of daylight; art museums and science museums; typological references and formal games, etc.

The architecture of museums plays as great a role in discussion within the architectural discipline as it does within the cultural politics of the industrialized world. In this sense, the politics involved in the German museums, whose history goes beyond the past ten years to form part of a long tradition dating from the nineteenth century through the post-war period, the growth of Paris as a cultural centre, and the special development of cultural buildings and museums in North America, all express the strength of various traditions of museum politics today. The sheer number of competitions for new museums – particularly in West Germany: Cologne, Düsseldorf, Stuttgart, Frankfurt, etc. reveal the diversity of approaches within architecture and bear witness to the crucial role these buildings play today.

Ultimately, we find in the museum building a synthesis of various significant aspects of

85

84. A. Isozaki, Gunma Prefectural Museum of Fine Arts, Takasaki (J), 1972-1974.
85. H. Hollein, Sigmund Freud Museum, Wien (A), 1969.

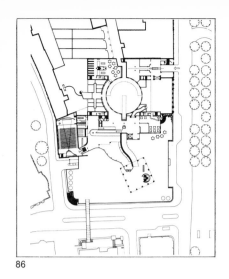

86

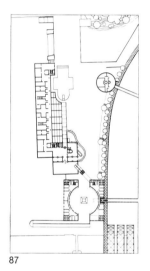

87

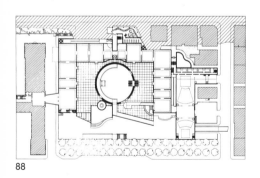

88

etc.– ha desarrollado una línea de síntesis también de diversos aspectos: *high-tech* y materiales tradicionales, espacios *beaux-arts* y modernos, elementos abstractos y aspectos figurativos, etc., para conseguir unas obras en que su carácter eclecticista y su voluntad de gustar a la gente son esenciales. Uno de los elementos predominantes en todos estos museos, es el de entender la arquitectura dentro de la tradición inglesa de la percepción pintoresca, para la cual los diferentes espacios se deben percibir según una secuencia, un recorrido, un itinerario.

Quizá los dos museos que más paradigmáticamente muestran las características de esta última generación son el Museo Municipal en Mönchengladbach de Hollein y la ampliación de la Staatsgalerie en Stuttgart de Stirling. Tanto uno como otro muestran cómo a la complexificación del programa del museo contemporáneo, se debe responder con la variedad de las formas. En el primero tendiendo a la disgregación y diseminación volumétrica; en el segundo manteniendo cierta jerarquía y orden para articular la diversidad del conjunto.

Conclusiones: El museo contemporáneo, espacio de síntesis entre Arte y Arquitectura

Las características que definirían a estos museos de la última generación serían las siguientes: la complexificación del programa del organismo museístico, superando tanto estructuras neutras y homogéneas como el sistema tradicional de museo basado exclusivamente en espacios de exposición; la crisis del mito del espacio flexible para el museo y la tendencia a la recuperación del sistema de salas como elemento de composición básico de un museo, especialmente de los de arte; la utilización de la iluminación natural y la tendencia a realzar los objetos museables en el espacio interno de exhibición; y la búsqueda de formas en las que predomine tanto la cita, la referencia tipológica, el ejercicio lingüístico y el valor figurativo, así como una especial sensibilidad del edificio respecto a su contexto urbano. Estas características comportan una enorme diversidad de opciones proyectuales en todos los sentidos. En cierto modo, y al unísono con la situación general, la diversidad de maneras para enfrentarse a la solución del museo contemporáneo es también una de las características más genuinas del tipo en la actualidad: museos-contenedor y recuperación de tipologías tradicionales; museos urbanos, paisajísticos y ecomuseos; tecnologías tradicionales, mixtas y *high-tech*; iluminación

Post-modernism: cultural politics, mass tourism and the mythification of travel, the search for figurative value in architectural forms, the utilization of spaces from architectural history and the necessity for spaces and forms to house valuable objects, spaces and forms that inter-relate with the work of art, with the object rescued from the commonplace, with history, with the public and its collective memory. A space for the synthesis between art and architecture has been realised in the contemporary museum.

86. J. Stirling, M. Wilford & Assoc., Landesgalerie, Nordrhein-Westfalen, Düsseldorf (D), 1975.
87. J. Stirling, M. Wilford & Assoc., Wallraf-Richartz Museum, Köln (D), 1975.
88. J. Stirling, M. Wilford & Assoc., Neue Staatsgalerie, Stuttgart (D), 1977-1984.

artificial y natural; museos de arte y museos de la ciencia; referencias tipológicas y juegos formales, etc. Lo cierto es que la arquitectura para los museos juega un papel crucial tanto dentro de las discusiones internas a la disciplina arquitectónica como dentro de las políticas culturales de diversos países industrializados. En este sentido toda la política de museos alemanes, que no es sólo de estos diez últimos años sino que participa de una larga tradición tanto del siglo XIX como de la posguerra, o el continuo enriquecimiento de París como foco de cultura, o todo el peculiar desarrollo de edificios culturales y museos en Norteamerica, expresan también la fuerza contemporánea de diversas tradiciones de políticas museísticas. La misma cantidad de concursos internacionales para nuevos museos –sobre todo en la República Federal Alemana: Colonia, Düsseldorf, Stuttgart, Frankfurt, etc.–, que nos muestran en la diversidad de soluciones las diferentes tendencias de la arquitectura actual, son una prueba del actual papel de estos edificios. En definitiva, en el edificio museo se sintetizan heterogéneos aspectos significativos de la actual condición posmoderna: políticas culturales, turismo de masas y mitificación del viaje, búsqueda de valores figurativos en las formas arquitectónicas, recuperación de espacios de la tradición arquitectónica y necesidad de espacios y formas para albergar objetos valiosos. Espacios y formas que dialoguen con la obra de arte, con el objeto rescatado de su cotidianeidad, con la historia, con la gente y con su memoria colectiva. Esta posibilidad de un espacio de síntesis entre arte y arquitectura parece que pueda realizarse en el museo contemporáneo.

Bibliografía general/*General Bibliography*

Libros/*Books*

Pevsner, Nikolaus, *A History of Building Types*, Princeton University Press, Princeton, N.J., 1976.

Aloi, Roberto, *Musei: Architettura, Tecnica*, Ulrico Hoepli, Milano, 1962.

Brawne, Michael, *The New Museum: Architecture and Display*, Praeger, New York, 1965.

Brawne, Michael, *The Museum Interior. Temporary and Permanent Display Techiques*, Thames and Hudson, London, 1982.

Seaning, Helen, *New American Art Museums*, University of California Press, Berkeley, 1982.

Klotz, Heinrich, *Neue Museumsbauten in der Bundesrepublik Deutschland*, Deutsches Architektur Museum, Frankfurt, 1985.

Flagge, Ingeborg (Ed.), *Museums Architektur*, Christians, Hamburg, 1985.

Thomson, Garry, *The Museum Environement*, Butterworth, London, 1978.

Revistas, números monográficos/*Magazines, monographic issues*

Progressive Architecture, n. 59 (5, 1978).

Casabella, n. 443 (1, 1979).

Techniques et Architecture, n. 326 (9, 1979).

Dortmunder Architekturhefte, n. 15 (1979).

Perspecta: The Yale Architectural Journal, n. 16 (1980).

Lotus International, n. 35 (1982).

Progressive Architecture, n. 8 (1983).

The Architectural Review, n. 1044 (2, 1984).

Techniques et Architecture, n. 359 (4-5, 1985).

Ottagono, n. 77 (6, 1985).

Ejemplos / Examples

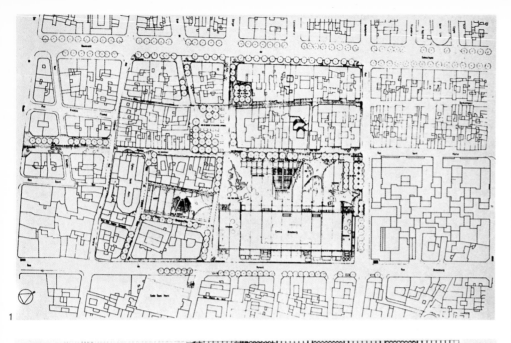

1

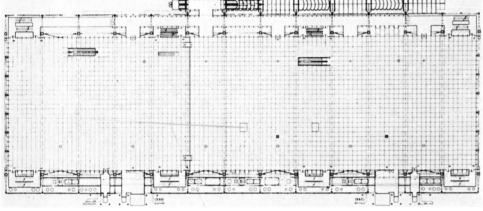

2

Centro Pompidou en el Plateau Beaubourg de París (Francia)

Arquitectos: Renzo Piano y Richard Rogers
Colaboradores en la estructura: Ove Arup and Partners
Concurso: 1972; construcción: finalizada en 1977

Para la realización de este proyecto se convocó un concurso internacional que tuvo una enorme repercusión. En sus normas se exigía que el nuevo centro cultural y museístico adoptara unas formas que facilitasen la flexibilidad. El proyecto ganador fue el diseñado por los arquitectos Renzo Piano, italiano, y Richard Rogers, británico, antiguo socio de Norman Foster.

De todas formas, del proyecto ganador al realizado definitivamente van bastantes diferencias y algunos proyectos intermedios. La propuesta ganadora estaba definida por una megaestructura sobre la que, de manera evolutiva, se podían ir ocupando módulos. La solución final, con el perfeccionamiento del proyecto, tendió a una forma más definida, más clásica, más "gestáltica": un enorme paralelepípedo recostado que ya no iba a crecer. Además, en la fachada principal, el desorden definido por la diversidad de elementos tecnológicos fue cediendo terreno a una composición ordenada, basada en malla estructural como fondo y una larga escalera mecánica que, continuando el mito de la movilidad y las autopistas tan querido por el movimiento moderno (especialmente por Le Corbusier) se convertía en el tema central de diseño, en el gesto único que enfatizaba este protagonismo de la tecnología y el movimiento. Aunque la solución final no posee los grados de flexibilidad tan radicales como los del proyecto inicial, esta idea de construir un enorme armazón, que en su interior permita todos los caminos posibles –tanto de los sistemas técnicos del edificio (seguridad, higiene, circulación, etc.) como de su propio programa–, ha seguido predominante. Todo él –su orden, escala, ligereza, transparencia, etc.– tienden a manifestarlo.

1. Plano de situación	1. Location plan
2. Planta tipo. En este caso es el segundo piso	2. Typical floor plan. In this case, the second floor
3. Sección transversal a través de la plaza	3. Cross section through the plaza
4. Secciones y detalles de la escalera mecánica y la galería	4. Sections and details of the escalator and the gallery

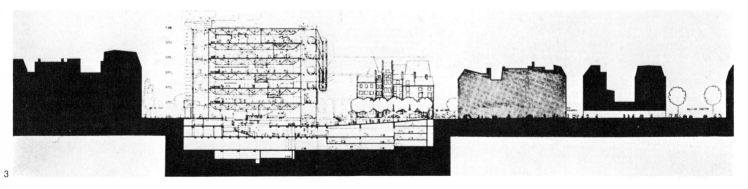

3

Pompidou Centre at the Plateau Beaubourg, Paris (France)

Architects: Renzo Piano and
Richard Rogers
Structural Engineers: Ove Arup and
Partners
Competition: 1972
Construction: Completed 1977

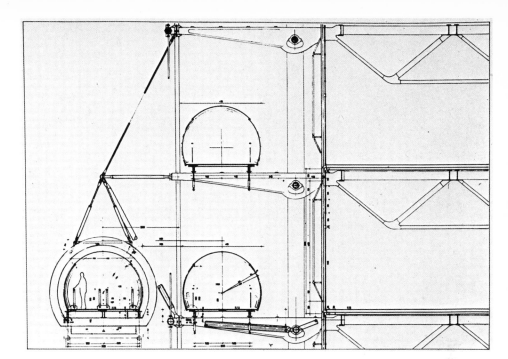

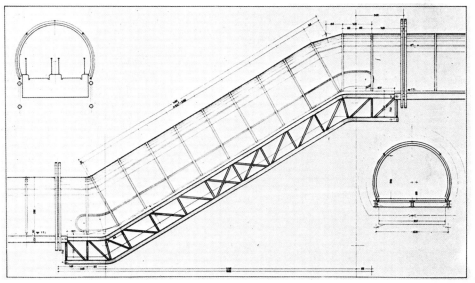

4

The Pompidou Centre was the result of an international competition which had enormous repercussions. In its rules it established that the new cultural centre had to adopt forms that favoured flexibility. The winning project was designed by the Italian Renzo Piano and the British architect Richard Rogers, the former partner of Norman Foster.

In fact, there are great differences between the winning scheme and what was finally built. The winning project, loyal to the idea of Peter Cook, leader of Archigram, that 'architecture is fun', and influenced by the form of the utopian project for a Fun Palace by Cedric Price (1963), was defined as a megastructure over which the modules could be placed. The final solution, after modifications, took an increasingly defined, classical and gestaltic shape: it was a huge parallelepiped. The disorder created (on the main facade) by the diversity of technological elements gave way to an orderly composition, based on a structural grid in the background and a large escalator. This perpetuated the myth of mobility so dear to the Modern Movement (especially to Le Corbusier) and became the central theme of the design, the single gesture that emphasized the power of technology and movement.

Although the final solution is not as flexible as the initial project, this idea of building an enormous framework that can allow for a changing interior – that caters both for the developing technical systems (security, sanitation, heating, etc.) and the shifting programme – has continued to be predominant. The whole building – its order, scale, lightness, transparency – reflects this.

This idea of flexibility is expressed both on the exterior (with the poetics of structure and material, the escalator, the elevators, all the exposed systems of air conditioning, etc.) and in the interior, where open spaces are served by all kinds of ducts which remain exposed on the ceiling. The placing of all the technological and mechanical systems on the facades emphasizes the use of technology as a form of aesthetic and simultaneously allows for completely free floor plans (in that all the elements which normally contribute to the shape of a floor are placed on the periphery). All the interior dividers are mobile and built with dry materials. An interior office divider can be moved in one minute, the hanging museum dividers in one hour and the fire walls in one day. Everything is portable and tries to express mobility. The facades are not even connected to the columns in order to make the building more flexible and transparent.

The influence of industrial architecture is clear. This reflects itself both in the building's obvious debt to the multi-storey factory and in its formal expression which is close to that of an oil refinery. In this lies the quintessence of the building, its propagandist and popular impact. It is a media megaobject used to undermine the traditionally serious idea of culture and to propose an iconoclastic and innovative alternative. In this way, technology is used playfully – as fun or propaganda – and more for aesthetic than scientific effect.

5

6

Esta idea de flexibilidad se expresa tanto en el exterior (con la poética del montaje y los materiales, la escalera mecánica, los ascensores, todos los sistemas de acondicionamiento vistos, etc.) como en el interior, a base de espacios abiertos servidos por todo tipo de conductos que quedan vistos en el techo. Colocar todos los sistemas técnicos y de instalaciones en las fachadas potencia este recurso a la tecnología como estética y a la vez permite disponer de unas plantas totalmente libres (en la medida en que se colocan en la periferia del edificio todos los elementos que condicionan la planta). Todas las divisiones interiores son movibles y están realizadas a base de construcción seca. Una separación interior de oficina se puede mover en un minuto, las divisiones suspendidas del museo pueden serlo en una hora y un muro cortafuegos se cambia en un día. Todo es movible y pretende expresar movilidad. Las mismas fachadas no están conectadas con las columnas para hacer también el edificio más flexible y transparente.

Las referencias a la arquitectura industrial son evidentes. Desde el recurso a la tipología de la fábrica de pisos hasta su expresividad formal próxima a las refinerías de petróleo. En esto radica también la quintaesencia del edificio, su efecto propagandístico y popular. Un megaobjeto publicitario para superar la idea tradicional y seria de cultura y proponer una alternativa iconoclasta e innovadora. Para esto no se duda en utilizar la tecnología más que como referencia estricta y científica, como recurso estético y como elemento de juego, diversión y propaganda.

7

5. Fotomontaje realizado por Michel Join en 1976, antes de finalizarse las obras
6. Vista de la maqueta del proyecto definitivo
7. Vista exterior de la planta baja
8. y 9. Dos imágenes de las salas de biblioteca, videoteca y medios audiovisuales
10. Exterior de dos de las fachadas de servicio

5. Photomontage by Michel Join in 1976, before construction was finished
6. View of the model of the final project
7. Exterior view of the ground floor
8. & 9. Two images of the library, video library and audio-visual rooms
10. Exterior of two of the service facades

8

9

1

Museo de Sant' Agostino en Génova (Italia)
Arquitectos: Franco Albini, Franca Helg, Antonio Piva y Marco Albini.
Proyecto: 1965; obra finalizada: 1980.

En una ciudad como Génova, que sin duda ha estado a la vanguardia de la arquitectura museística moderna, se ha realizado este museo que, en cierta manera, constituye el último resultado de la tradición italiana desarrollada desde 1950. El destino del edificio es el de museo arqueológico-lapidario, conteniendo los objetos pertenecientes a la colección municipal. El proyecto, que se ubica en el antiguo convento e iglesia de Sant' Agostino, se ha basado en la restauración del claustro triangular, reutilizando y salvando lo posible de las alas del edificio y reconstruyendo, alrededor del patio porticado y cuadrado del siglo XVIII, los volúmenes que lo delimitan. Con esta intervención se ha pretendido rescatar y cualificar el ambiente urbano donde se sitúa.

En el edificio se manifiesta una clara voluntad de modernidad, expresando el contraste entre lo viejo, que se restaura, y lo nuevo, que se manifiesta en la estructura metálica omnipresente y en los grandes paramentos acristalados. Así, el espacio interior viene configurado por la estructura vista de la cubierta y los forjados. En el patio aparece una cornisa continua definida por la jácena metálica gigante, cita de la Neue Nationalgalerie de Mies en Berlín. Es en la resolución de la nueva fachada y del espacio de entrada donde el museo es más criticable.

Si en cuanto a la manera de exponer los objetos (pensando un soporte singular para cada obra) y en cuanto a la ubicación en un edificio histórico, este museo se sitúa dentro de la tradición italiana, por lo que respecta a la estructuración del espacio manifiesta una mayor sensibilidad a los años setenta: un museo más flexible y menos rígido que da un tímido paso hacia un museo no tan elitista y más popular. Por esto, junto al Centro Pompidou y al Yale Center for British Art, este museo se presenta al principio de la selección, como obras que actúan de bisagras de una generación a la otra, expresando la tradición anterior pero también anunciando algunas transformaciones.

2

1. Vista interior de la gran escalera de acceso de la planta del primer piso al segundo
2. Vista interior
3. Planta baja
4. Sección longitudinal, mostrando el sistema de escaleras y los distintos niveles
5. Claustro cuadrangular

1. Interior view of the large access stair from first to second floors
2. Interior view
3. Ground floor
4. Longitudinal section, showing the stair system and the different levels
5. Square cloister

San Agostino Museum, Genoa (Italy)

Architects: Franco Albini, Franca Helg,
Antonio Piva and Marco Albini
Project: 1965
Completed: 1980

This museum, built in a city like Genoa which has been part of the avant-garde in modern museum architecture, represents the last bastion of the Italian tradition developed since 1950. This is an archeological – lapidary museum to house the municipal collection. The project, located within the old convent and church of San Agostino, is based on the restoration of a triangular cloister, re-utilizing and saving as much as possible from the wings of the building and then re-building around the eighteenth-century square arcaded courtyard, the volumes surrounding it. The intention was to enhance and to define the urban environment where it is located.

The museum has a ground floor, two upper floors and a basement. A large impressive flight of stairs links the different levels, placed across the most important exhibition space, in one of the wings of the square courtyard.

The building aims at modernity, contrasting the old, which has been restored, with the new, which appears as an omnipresent steel structure and large glazed surfaces. The interior space is formed by the bare structure of the roof and floors. In the courtyard, a continuous cornice is exposed, defined by a large steel beam, bor-

rowed from the Neue Nationalgalerie by Mies in Berlin. Where the museum fails is in the design for the new facade and entrance hall.

If, on the one hand, the manner in which the objects are exhibited (with a specific place for every work) and the location within a historical building are in the Italian tradition, on the other, the structuring of the space shows the sensitivity of the sixties: a more flexible approach that represents a small step towards a less elitist and more popular museum. This is why this museum, the Pompidou Centre and the Yale Centre for British Art are presented at the beginning of the selection. They are works that form the cornerstone between two generations.

3

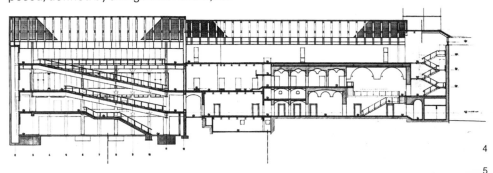

4

5

1

Yale Centre para Arte y Estudios Británicos en New Haven, Connecticut (Estados Unidos de América)

Arquitecto: Louis I. Kahn
Proyecto: 1969-1972; construcción: terminada en 1977

Este centro de arte fue una donación de Paul Mellon a la Universidad de Yale para albergar la colección de arte británico que él mismo había donado, así como una importante biblioteca y colección de libros raros. El centro contiene una exposición permanente de pinturas en la cuarta planta y salas para exposiciones cambiantes en la segunda y tercera planta.
Cuando en 1974 murió Louis Kahn el edificio se hallaba en construcción, por lo que fue terminado bajo la dirección de sus discípulos Pellechia & Meyers.
La ordenada composición que propuso Kahn confiere a este edificio una serenidad tal que pocos otros son capaces de transmitir. El volumen del edificio es un octoedro en cuyas fachadas aparece señalado el orden modular de la estructura. La fachada, cuyo tratamiento tiene claras reminis-

cencias de la arquitectura de Mies, se basa en una honesta expresión estructural completada a base de los cerramientos de paneles de acero inoxidable con acabado de peltre y cristal en las ventanas situadas en el mismo plano.
La serenidad en el interior del edificio llega a impresionar en el patio de entrada. Orden estructural y materiales nobles ayudan a ello.
El esqueleto estructural, incluido el del techo, está modulado uniformemente, los cerramientos interiores son a base de paneles de madera de roble y el suelo es de travertino. El patio de la biblioteca, tratado de forma similar, presenta, sin embargo, la intromisión un tanto perturbante del volumen cilíndrico de la escalera.
En los espacios de exposición, el módulo estructural de planta cuadrada se corresponde con el ámbito de una sala, aunque la separación entre salas sea por mamparas móviles. El pavimento de travertino y moqueta ayuda a señalar este ámbito, al igual que los lucernarios. La escala, los materiales, el orden, las perfectas proporciones, todo ello confiere sosiego y un cierto confort doméstico que Kahn estuvo empeñado

en conseguir en un edificio que, como centro de arte británico, debía tener el mismo aire que las mansiones cuyas paredes habían sido antes depositarias de este arte.

1. Vista general exterior del edificio
2. Detalle de la ordenada composición de la fachada interior.

1. General exterior view of the building
2. Detail of the orderly composition of the interior facade

38

3

4

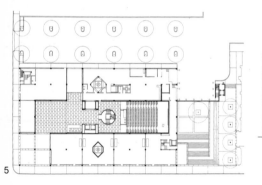

5

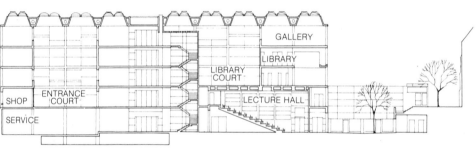

8

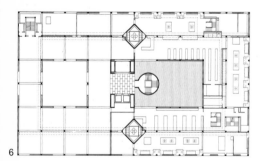

6

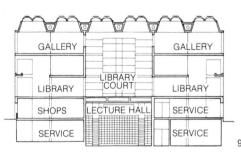

9

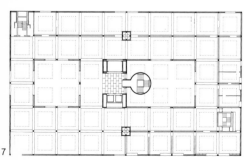

7

Yale Center for British Arts and Studies, New Haven, Connecticut (U.S.A)

Architect: Louis I. Kahn
Project: 1969-1972
Completed: 1977

3. Detalle de la sala de lectura de la biblioteca
4. Salas del cuarto piso, con la exposición permanente de cuadros

3. Detail of the library's reading room
4. Fourth floor rooms, with the permanent painting exhibition

This art centre was donated to Yale University by Paul Mellon to house the British art collection, which he also donated himself, and an important library and rare book collection. The centre has a permanent painting exhibition on the fourth floor and rooms for temporary exhibitions on the second and third floors.

The building was still under construction when Louis Kahn died in 1974, but was finished under the supervision of his disciples Pellechia and Meyers.

The orderly composition proposed by Kahn gives this building a unique serenity. The volume of the building is an octahedron

40

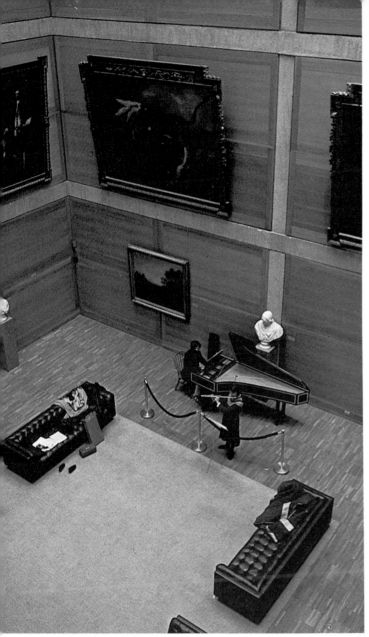

10

11

that has the modular order of the structure reflected on its facades. The facade, which is reminiscent of the architecture of Mies, is based on a straightforward structure enclosed with stainless steel panels and windows with a glass and pewter finish.

On entering the courtyard, one is immediately struck by the serenity of the interior. Both the structural order and the special materials contribute to this. The structural framework, including the roof, is uniformly modulated, the interior dividers are oak panels and the floor is travertine marble. The treatment of the library courtyard is similar but unfortunately the cylindrical staircase intrudes.

In the exhibition spaces, each square structural module represents one room, although the room dividers are mobile. The flooring of travertine marble and carpeting serves to indicate separations as do the skylights. The staircase, materials, order, and perfect proportions all create peace and a certain domestic comfort which Kahn set out to achieve. A centre for British art had to have the same atmosphere as the mansions which had previously housed these works of art.

5. Planta baja, con los espacios de acceso
6. Planta del segundo piso, con las salas para exposiciones itinerantes
7. Planta cuarto piso, con la exposición permanente de pinturas
8. Sección longitudinal
9. Sección transversal
10. Vista del patio de entrada
11. Patio de la biblioteca y torre cilíndrica de la escalera en su interior

5. Ground floor, with access spaces
6. Second floor plan, with the temporary exhibition rooms
7. Fourth floor plan, with the permanent painting exhibition
8. Longitudinal section
9. Cross section
10. View of the entrance courtyard
11. Library courtyard and cylindrical stair tower inside

Museo Nacional del Arte y del Espacio, Washington, D. C. (Estados Unidos de América)

Arquitectos: Hellmuth, Obata & Kassabaum
Proyecto: 1971-1972; construcción: 1972-1975

Este es el museo más visitado del mundo. En él están contenidos los ingenios que representan el progreso americano en el dominio del aire y del espacio. Un museo con tal contenido debía ocupar un espacio privilegiado: el Mall de Washington, el espacio urbano dedicado a la cultura artística e histórica norteamericana depositada en sus museos, cerca del Capitolio y justo en frente de la National Gallery.

El edificio intenta reconciliar estos requerimientos principales: ser un edificio donde tengan cabida los ingenios más espectaculares del siglo XX (aviones, cohetes, cápsulas espaciales), capaz de recibir un gran número de visitantes, y, por otro lado, situado en un espacio clásico monumental como el del Mall y, por tanto, en relación con otros edificios, en especial con la National Gallery.

La organización del edificio se basa, tanto a nivel de planta baja como a nivel de primera planta, en una circulación longitudinal paralela al Mall. Sobre esta espina del edificio se alternan, en el lado de la fachada del Mall, cuatro cuerpos opacos con otros tres transparentes. Se forma, así, una sucesión de cuerpos, alternando volúmenes cerrados, llenos, pesados, con otros abiertos, vacíos y ligeros. Los primeros, recubiertos de mármol, son sinónimo de solidez y permanencia, los segundos, con cerramiento acristalado y cubierta de folicarbonato transparente sobre estructura tridimensional de acero, son sinónimo de modernidad y tecnología.

La superficie total de exposición es de unos 76.800 m² y el coste de la construcción fue aproximadamente de cuarenta y un millones de dólares.

1. Situación
2. Secciones
3. Plantas

1. Location
2. Sections
3. Floor plans

National Air Space Museum Washington D.C.

Architects: Hellmuth, Obata and Kassabaum
Project: 1971-1972
Construction: 1972-1975

This is the most visited museum in the world. It contains all that represents American progress in the command of air and space. A museum with such a content had to be in a privileged location: it is on the Washington Mall, an urban area dedicated to American art and history, near the Capitol and just in front of the National Gallery. The building had to reconcile various requirements: it had to house all the more spectacular devices of the twentieth century (planes, rockets, space capsules); it had to be capable of receiving a large number of visitors; and, at the same time, in view of its location in the classical Mall, it had to fit in with adjacent buildings, especially the National Gallery.

Both the ground and upper floors are organized on the basis of a longitudinal circulation parallel to the Mall. Above this base four opaque volumes alternate with three transparent ones on the facade facing the Mall. Thus, a succession of volumes is formed, alternating the closed, full, heavy

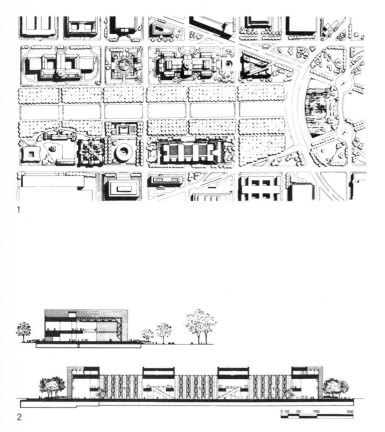

2

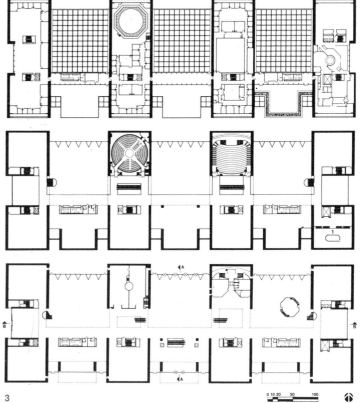

3

4

ones with open, empty, light ones. The former have a marble facing and are symbolic of solidity and permanence, while the latter are glazed and covered with a transparent polycarbonate roof over a steel tridimensional structure, and symbolize modernity and technology. The total area of the building is approximately 78,000 square metres, with a construction cost of around forty-one million dollars.

4. Fachada al Mall
5. Vista interior

4. Mall facade
5. Interior view

5

1

Museo de Antropología de la Universidad de British Columbia en Vancouver (Canadá)
Arquitectos: Arthur Erickson Architects
Proyecto: 1974; construcción: 1976

La arquitectura del museo, por su emplazamiento y por su forma, constituye una metáfora del arte americano de la Costa del Noroeste que se exhibe. Tanto en la entrada, desde el aparcamiento y el resto del campus, como en la gran sala con vistas hacia el paisaje circundante, el principal motivo formal del edificio es la estructura de pilares y jácenas de hormigón, inspiradas en las primitivas estructuras de tótems de los indios kwakiutl.

Los pórticos de hormigón, que van ganando altura a medida que su luz disminuye, se encuentran separados entre ellos. Ello permite en la gran sala acabar de cubrir el espacio con lucernarios y cerrar las paredes con cristales, resultando así un espacio estrechamente relacionado con el exterior, a la vez que iluminado. Por lo que, junto con las proporciones y las relaciones simbólicas con el arte que en ella se expone, constituye el espacio más representativo de este edificio.

Desde la entrada, a través de un recorrido en rampas descendentes y con paredes retranqueadas, se muestra en primer lugar una representación del arte de las tres regiones contenido en el museo, para llegar posteriormente a otro espacio escalonado, preámbulo del gran hall o sala citada. De esta manera, por la graduación de proporciones en los espacios, la diversa utilización de la luz, tanto en intensidad como por su procedencia –natural y artificial–, y por la misma secuencia entre espacios, se centra el interés del visitante hacia las piezas de arte más espectaculares y valiosas.

1. Vista de los pórticos y fachada de entrada
2. Sección desde la entrada a la gran sala
3. Axonométrica de la planta
4. Vista de la fachada lateral
5. Interior de la gran sala

1. View of the concrete porticos and entrance facade
2. Section from entrance to the grand hall
3. Axonometric of the floor plan
4. View of the side facade
5. Interior of the grand hall

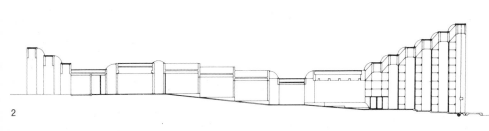

2

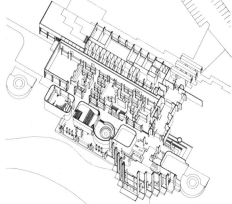

3

**Anthropology Museum of the University
of British Columbia, Vancouver (Canada)**
Architects: Arthur Erickson Architects
Project: 1974
Construction: 1976

The architecture of the museum, in its location and form, is a metaphor for the art of northeast America that it exhibits. In the entrance, seen from the parking lot and the rest of the campus, as in the grand hall with views of the surrounding landscape, the main motif is the reinforced concrete column and beam structure, inspired by the primitive totem pole structures of Kwakiutl Indians.

The concrete porticos, which become taller as their light decreases, are quite separate. This allows for the grand hall to be covered with skylights and enclosed with glass walls, resulting in an area that is both closely related to the exterior and well lit. It thus becomes the most representative space in the building, because of the symbolic relationship it has with the art that it exhibits.

From the entrance, down the descending ramps and receding walls, we can see samples of the art of the three regions that are represented in the museum. Next, we arrive at another recessed space, leading to the grand hall already mentioned. The shifting proportions of the spaces, the diverse use of light, both in terms of intensity and source — artificial and natural — and the sequence between the spaces all ensure that the interest of the visitors is centred on the more valuable and spectacular exhibits.

4

5

Museo de Arte Allen Memorial Oberlin College, Oberlin, Ohio (Estados Unidos de América)

Arquitectos: Venturi and Rauch
Proyecto: 1974; construcción: 1976

El programa consistía en adicionar una nueva galería al museo ya existente y en proporcionar nuevos espacios para el Departamento de Arte, la Biblioteca de Arte y Laboratorio del ICA (Intermuseum Conservation Association) y almacén, así como en renovar el museo existente dotando a todo el edificio de sistemas de control ambiental. La nueva galería debía ser un espacio neutro, capaz de albergar exposiciones cambiantes. Se rechazó construir una "caja negra" sin luz natural. Para conseguir dicho espacio se utilizaron materiales y sistemas convencionales. La luz natural entra por una ventana corrida en la parte superior de la pared justo debajo del alero. La luz se gradúa mediante el propio alero, la curvatura del falso techo y unos paneles de metacrilato corredizos. Dos ventanas más de esta sala ofrecen referencias al visitante, una hacia el patio, entre el viejo edificio y el nuevo, y hacia la columna jónica situada en la esquina exterior de la sala, y otra hacia la Tappan Square.

El resto de espacios que el programa requería se sitúan en otro volumen de tres plantas de altura, rectangular en planta y paralelo al antiguo edificio.

Los nuevos volúmenes se componen asimétricamente respecto al edificio existente de tal manera que en la fachada principal se produce una secuencia entre los tres volúmenes y sus respectivos tratamientos superficiales.

En este edificio los autores muestran su predilección hacia la "nave decorada" *(decorated shed)* teorizada por ellos mismos. No es la estructura inherente del edificio, o su disposición espacial lo que proporciona las dimensiones simbólicas, culturales o estéticas, sino las decisiones de diseño que modifican el caparazón básico: el ornamento de la superficie con los mismos materiales y colores que el antiguo edificio de Gilbert de estilo *quattrocento* pero con otro esquema decorativo, el tratamiento de algunos elementos arquitectónicos externos, como el alero, algunos elementos simbólicos aislados, como la parodiada columna jónica, o mediante modificaciones espaciales, como el achaflanamiento de esquinas, la ventana corrida superior, la situación del bloque de ascensor, que son a menudo resultado de colisiones que hacen que el edificio no tenga un diseño unificado en el que las partes estén en función del todo, sino que más bien sea el resultado de

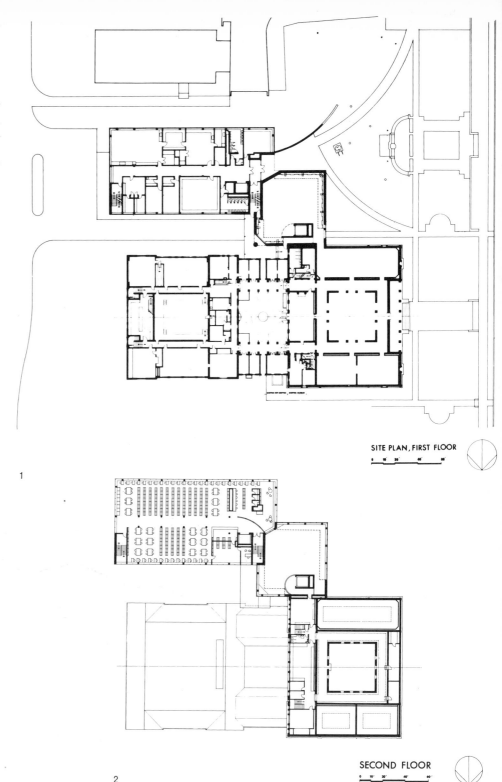

SITE PLAN, FIRST FLOOR

1

SECOND FLOOR

2

la adición de un cierto número de separadas y conflictivas demandas. La resolución de alguno de estos conflictos, como la captación de luz natural o la unión de superficies exteriores entre el nuevo edificio y el antiguo, se resuelve de forma no evidente, exagerando el propio conflicto, poniéndolo así de manifiesto.

1. Planta principal
2. Segunda planta

1. Main floor plan
2. Second floor plan

46

Allen Memorial Art Museum, Oberlin College, Oberlin, Ohio

Architects: Venturi and Rauch
Project: 1974
Construction: 1976

The project objective was to add a new gallery to the existing museum and provide new spaces for the Art Department, Art Library, the Laboratory of the ICA (Intermuseum Conservation Association) and a storage area, as well as renewing the existing museum, giving the whole building a new environment control system.

The new gallery had to be a neutral space, capable of housing changing exhibits. The idea of building a 'black box' with no natural light was discarded. To create such a space, conventional materials and systems were used. Natural light enters through a window stretching across the whole of the top of the wall, just under the eaves. Light is graduated by the eaves, by the curve of the ceiling and by sliding acrylic panels. Two more windows in this room offer views to the visitor, one looking towards the courtyard, between the old and the new building and towards the Ionic column placed on the outer corner of the room, and the other towards Tappen Square.

The other spaces required by the programme are placed in another block three storeys high, with a rectangular plan, which is situated parallel to the old building.

The new blocks are assymetrical to the existing building and with their different surface treatments create a sequence on the main facade.

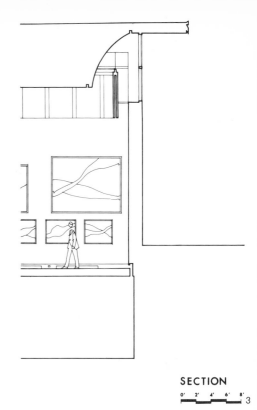

SECTION

0' 2' 4' 6' 8'

3

3. Sección mostrando la penetración de la luz natural
4. Fachada principal de la nueva galería

3. Section showing the entrance of natural light
4. Main facade of the new gallery

4

5

6

5. Interior de la nueva galería	5. Interior of the new gallery
6. Columna jónica	6. Ionic column
7. Croquis preliminar	7. Preliminary sketch
8. Fachada principal	8. Main facade
9. El antiguo edificio y los nuevos volúmenes	9. The old building and the new blocks
10. Unión entre los dos nuevos volúmenes	10. Connection between the two new buildings

7

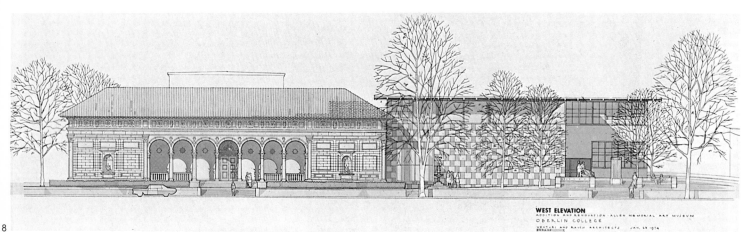

WEST ELEVATION
ADDITION AND RENOVATION · ALLEN MEMORIAL ART MUSEUM
OBERLIN COLLEGE
VENTURI AND RAUCH ARCHITECTS   JAN. 29 · 1974

8

9

10

Centro Sainsbury para las Artes Visuales. Universidad de East Anglia, Norwich (Gran Bretaña)

Arquitectos: Foster Associates
Proyecto: 1974-1976; construcción: 1976-1977

Esta es una de las mejores realizaciones que pueden ejemplificar el concepto de edificio-contenedor. En un mismo volumen, bajo una misma cubierta, sin proveer específicos ambientes, se sitúan las distintas partes de que consta este Centro de Artes Visuales: museo de la colección de arte de los Sainsbury, espacio para exposiciones itinerantes, Escuela de Bellas Artes, "Senior Common Room" y un restaurante. El propósito de los fundadores y de la Universidad es que la proximidad entre las actividades del programa ayude a que se complementen, y así los alumnos de la Escuela aprendan arte en contacto con la misma colección. Esto lleva a que la entrada pública al edificio sea única y que desde la zona de vestíbulo se tenga que cruzar por la zona de museo para ir a la escuela y al restaurante. En realidad la exposición se combina con zonas de estar donde se pueden desarrollar clases o seminarios en grupos reducidos.

El edificio se produce aislado del contexto en que se ubica. Se halla situado en un extremo del complejo edificatorio de la Universidad, desde cuya calle peatonal puede accederse directamente al Centro de Artes Visuales mediante una pasarela que, atravesando la piel del edificio, desciende al hall de entrada.

El espacio de exposiciones es completamente flexible. La iluminación se realiza mediante luz natural cenital filtrada por unas lamas orientables, combinada con luz artificial de proyectores también orientables. Ello se consigue a partir del techo técnico dispuesto entre la estructura de la cubierta. Es en el diseño de la estructura del edificio y la integración en ella de todo el sistema de control ambiental (luz y clima), donde reside uno de los mayores méritos de este edificio. La estructura formada por una sucesión de pórticos tridimensionales sólo se hace enteramente visible en los testeros del edificio, ya que queda parcialmente escondida en el interior del *sandwich* formado por los paneles de aluminio exteriores y las lamas interiores, de tal manera que espacio servidor, estructura y cierre forman un todo independiente que envuelve las áreas servidas.

Los elementos expresivos del edificio se reducen tan sólo a la *produktform* de las distintas partes que lo componen. Ello, que es –o al menos lo ha sido– una característica de la obra de los Foster, se hace más radical en el Sainsbury Center donde, por ejemplo, la entrada principal queda minimizada en la resolución de una variante de panel de cerramiento, negándose su significado.

1. Situación del edificio junto al complejo de la Universidad de East Anglia
2. Planta baja
3. Planta entresuelo
4. Sección típica
5. Sección longitudinal
6. Sección transversal
7. El edificio como integración de sistemas

1. Location of the building near the University of East Anglia
2. Ground floor plan
3. Mezzanine floor plan
4. Typical section
5. Longitudinal section
6. Cross section
7. The building as a systems integrator

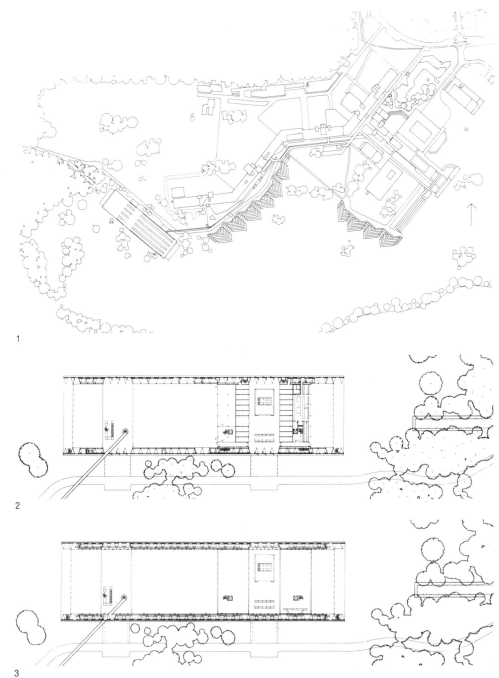

1

2

3

Sainsbury Centre for the Visual Arts, University of East Anglia, Norwich (England)

Architects: Foster Associates
Project: 1974-1976
Construction: 1976-1977

This is one of the best examples of the building-container. The various parts of this visual Arts Centre are contained in a single volume, without specific compartments, and include the museum for the Sainsbury's art collection, space for itinerant exhibits, School of Fine Arts, Senior Common Room and a restaurant all under one roof. Both the founders and the University feel that their closeness will encourage the different activities in the programme to complement each other, so that the students of the school will learn about art from the collection. The result is that the building has a single public entrance and from the entrance hall one has to go through the museum to reach the school and restaurant. The exhibition space is combined with sitting areas where small classes or seminars can be held.

The building is isolated from its surroundings. It is located at one end of the University Complex, on a pedestrian street, and the Visual Arts Centre is entered directly, by a walkway which penetrates the building's exterior and descens to the entrance hall.

The exhibition space is completely flexible. Natural light from a skylight is filtered with movable slats, and combined with artificial light from projectors that are also movable. This is achieved by means of technical equipment in the roof structure. The building's greatest merits lie in the design of the structure and the way in which the environmental control systems (light and air) are integrated into it. The structure, formed by a series of tridimensional frames, can only be seen at the ends of the building since it is partially hidden inside the 'sandwich' formed by the outer aluminium panels and the interior slats, with the result that utilities, structure and enclosure form an independent whole surrounding the areas they serve.

The expressive elements of the building are reduced to the 'produktform' of its different parts. This is – or has been – a characteristic of the work of the Fosters, but is more extreme in the Sainsbury Centre where, for example, the main entrance is minimized by becoming a variation on the enclosure panels, thus taking away its significance.

Figs. pp. 52 y 53
8. Vista del edificio desde el paso elevado
9. Vista interior del espacio de exposición
10. Escuela de Bellas Artes. Espacio de estudio y archivo de diapositivas

8. View of the building from the walkway
9. Interior view of the exhibition space
10. School of Fine Arts. Study area and slide archive

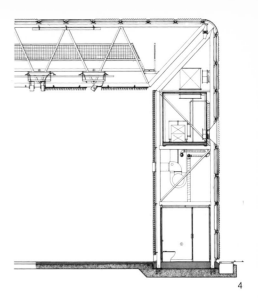

4

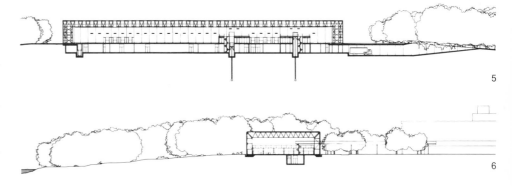

5

6

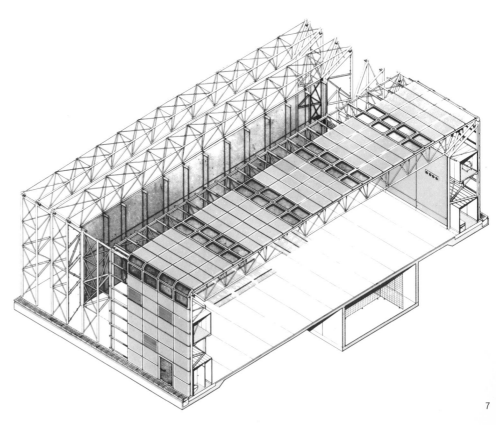

7

8

9

Galería Nacional de Arte en Washington, Ala Este (Estados Unidos de América)

Arquitectos: I. M. Pei and Partners
Proyecto: 1968-1971; construcción: 1971-1978

El nuevo edificio se halla conectado con el existente a nivel del sótano mediante un espacio debajo de la plaza que a nivel de calle se forma entre los dos edificios. Este espacio se dedica a talleres y almacenes anexos al museo, cafetería-restaurante y espacios de venta junto al corredor para el público visitante que une los dos edificios. A nivel del sótano del nuevo edificio se sitúan también dos auditorios. En el espacio urbano entre los dos edificios, una fuente con salto de agua y diversos tetraedros de vidrio –que a la vez son lucernarios del sótano– forman un bello conjunto escultórico.

Fue la geometría del solar la que guió la composición en planta del nuevo edificio. Una diagonal del trapecio lo divide según un triángulo isósceles situado sobre la prolongación del eje del edificio existente, y un triángulo rectángulo que alberga el Centro de Estudios (Centre for Advanced Study in the Visual Art) en la fachada del Mall. Entre los dos triángulos se configura un gran patio cubierto o atrio también con planta en forma de triángulo isósceles.

Las salas principales de exposición se encuentran a distintos niveles en las tres torres que emergen en los vértices del triángulo isósceles. Estas salas son de forma hexagonal y las del nivel superior tienen iluminación natural cenital. A nivel intermedio, uniendo estas torres, se disponen otras galerías.

En contraste con los espacios de exposición, cerrados por paredes ciegas que ofrecen sosiego y concentración para contemplar las obras de arte, el patio central, verdadero corazón del edificio, es un espacio lleno de movimiento y distracción. Cubierto con una malla acristalada según tetraedros, alberga la recepción, y dispone de superficie para exposición de esculturas. Por este espacio se hacen cruzar las circulaciones horizontales entre galerías y las circulaciones verticales (con escalera mecánica incluida). Todo ello, junto con el gran móvil de Calder que recorre constantemente el espacio, le confiere una gran espectacularidad. Porque esencialmente éste es un espacio representativo, que tiene voluntad de expresar que la National Gallery, creada por donación privada, es un templo y palacio del Arte.

Sobre el triángulo rectángulo se levanta el Centro de Estudios cuyo espacio central es la sala de lectura de la biblioteca, un espa-

1

cio de cinco niveles de altura al que asoman las estanterías de libros. Los otros pisos están dedicados a administración y estudio. La última planta se destina a los despachos de dirección.

Construidos con estructura de hormigón, a base de grandes jácenas postensadas y techos vistos y aplacado con mármol de Tennessee, igual al del edificio existente, por su forma y escala, el edificio se integra, en clave moderna, al entorno monumental y clásico del Mall de Washington.

1. Sala de exposición en el nivel superior
2. Planta sótano
3. Planta baja a nivel de calle
4. Primera planta
5. Tercera planta. Galerías

1. Upper level exhibition room
2. Basement floor plan
3. Ground floor plan, street level
4. First floor plan
5. Galleries, third floor

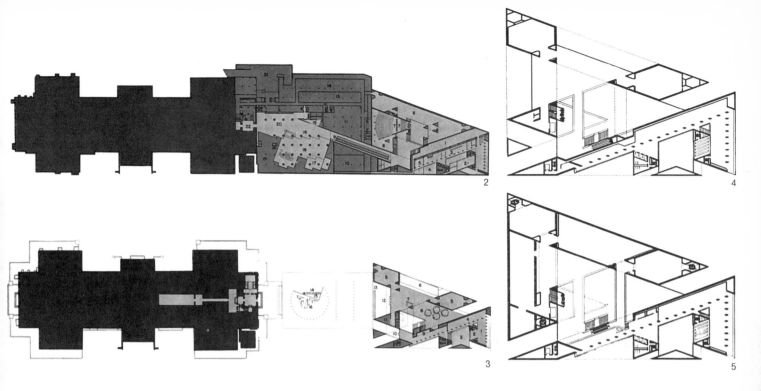

2

3

4

5

National Gallery of Art, East Wing, Washington D.C (U.S.A)
Architects: I.M. Pei and Partners
Project: 1968-1971
Construction: 1971-1978

The new building joins the existing one at basement level, through a connecting space under the plaza that is formed between the two buildings at street level. This space is used for the museum's workshops and storage, a restaurant-cafeteria and shops adjacent to the corridor that provides a link between the two buildings for visitors. The basement floor of the new building also houses two auditoriums. In the urban space between the two buildings, an elegant sculptural group is formed by glass tetrahedron skylights and a fountain with water flowing to the basement.

The new building's plan was guided by the geometry of the site. A diagonal of the trapezoid divides it into an isosceles triangle situated on the axis of the existing building, and a right-angle triangle that houses the centre for Advanced Study in the Visual Arts on the Mall facade. Between the two triangles, a large covered courtyard or atrium is formed, also shaped like an isosceles triangle.

The main exhibition rooms are situated at different levels within the towers which protrude from the apexes of the isosceles triangle. The rooms are hexagonal and those on the top level are lit naturally by skylights. Other galleries which connect these towers are situated on an intermediate level.

In contrast with the exhibition spaces, which are enclosed by blind walls that create a tranquil atmosphere within which to contemplate the works of art, the central courtyard, the hub of the building, is a space full of movement and distraction. Covered by a glazed grid of tetrahedrons, it holds the entrance hall and has a large area for the exhibition of sculptures. Both the horizontal circulation between galleries and the vertical circulation (including the escalators) cross this space. All this, plus a large mobile by Calder which constantly moves through the space, make it really spectacular. For this is a representative space which reflects the fact that the National Gallery, created with a private donation, is a temple and palace of art.

Above the right-angle triangle is the Centre for Advanced Study, whose central space is the reading room of the library, a five level area full of bookcases. The other floors are used for study and administration. The top floor houses the management offices.

It is a reinforced concrete structure, with large post-stressed beams and faced concrete ceilings. The new building, like the existing one, is faced with Tennessee marble, and in its shape and scale it is integrated, in a modern way, to the monumental and classical environment of the Washington Mall.

Figs. pp. 56 y 57.
6. Fachada de la entrada principal, con el espacio entre los dos edificios
7. Patio central
8. Vista aérea, con el edificio en relación al edificio antiguo y al Capitolio

6. Facade of the main entrance, with the space between the two buildings
7. Central courtyard
8. Aerial view, with the new building in relation to the old building and the Capitol

Museo de arte de Portland (Edificio Charles Shipman Payson), Portland, Maine (Estados Unidos de América)

Arquitecto: Henry Nichols Cobb (I. M. Pei & Partners)
Proyecto: 1978; construcción: 1983

El nuevo edificio para el Museo de Portland, pensado para albergar las nuevas donaciones de obras de arte, se concibió en relación con el contexto urbano en el que debía estar situado. Congress Square es la intersección más importante en el casco antiguo de la ciudad portuaria de Portland. Así el nuevo edificio se establece en relación con la escala de los edificios de su entorno y con la clara voluntad de dotar a la plaza de una fachada que ayude a configurar más el poco definido espacio urbano existente. Esta fachada es, pues, a la vez cerramiento para la plaza y para el interior del edificio. Y es como fachada de un museo que se expresa. Claro ejemplo de "arquitectura parlante". Construida con ladrillo y franjas de granito, lo cual representa un intento de recuperar una cierta tradición constructiva de la ciudad, la fachada se ordena repitiendo el tema del arco de la entrada principal del edificio. Una franja horizontal de arcos forma aberturas en el nivel superior del pórtico de planta baja. Otra franja horizontal de círculos, con la mitad inferior en relieve y la unidad superior formando arcos por encima de la línea de cubierta, remata la fachada. De esta manera la arquitectura figurativa por excelencia encuentra cómo representar la institución museo exteriorizando su presencia.

Un octoedro de 6 x 6 m de base y 3,5 m. de altura constituye el volumen o módulo básico que se repite escalonadamente desde cuatro módulos en planta por cuatro de altura en fachada hasta un único módulo. Otro módulo de menos anchura y altura (6 x 1,8 x 3 m) se sitúa entre los módulos básicos para así crearse dos categorías de espacios: el espacio-sala de exposición de planta cuadrada y el espacio-galería-circulación. La agregación de estos volúmenes se hace buscando la diversidad y variedad de espacios resultantes.

La degradación volumétrica en altura y la agregación de espacios interiores ofrece la posibilidad de utilizar la iluminación natural de procedencia cenital. Las linternas de planta octogonal esparcen la luz por la cúpula de las salas. Luz y espacio, elementos fundamentales de la arquitectura, se ponen una vez más al servicio del museo.

La conexión entre los edificios preexistentes y el nuevo se resuelve mediante dos recintos octogonales, uno interior y otro en contacto con el jardín, que actúan como goznes entre los distintos edificios.

Los 1.400 m² de superficie de exposición se complementan en la planta sótano con oficinas administrativas y un auditorio para 200 personas.

1. Fachada a la Congress Square
2. Vista del nuevo edificio en la esquina de Congress Square

1. Congress Square facade
2. View of the new building on the corner of Congress Square

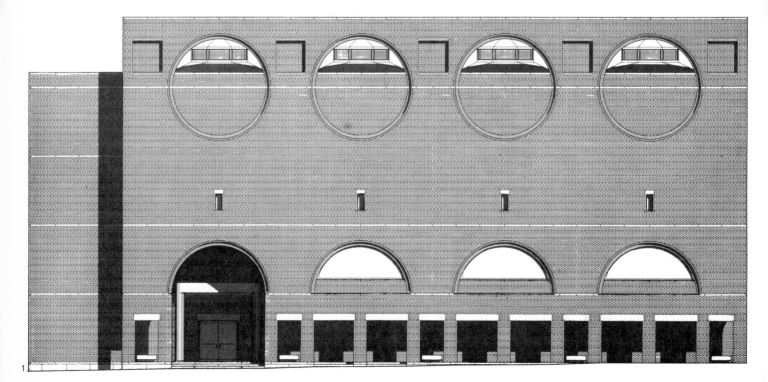

Portland Museum of Art, Charles Shipman Payson Building, Portland, Maine (U.S.A)
Architect: Henry Nichols Cobb (I.M. Pei and Partners)
Project: 1978
Construction: 1983

The new building for the Portland Museum, intended to house recent artistic contributions, was conceived in close relation to the urban context in which it was to be located. Congress Square is important for it crosses the old core of the harbour city of Portland. Thus, the new building relates to the scale of the surrounding buildings, helping to give the square a facade which shapes the undefined existing urban space. This facade is then an enclosing element both for the square and for the building's interior. And it expresses itself as a museum facade – a clear example of

'talking architecture'. It is built of brick and granite strips, in an effort to recuperate the city's constructive tradition, and it repeats the theme of the existing building's main entrance. A horizontal strip of arches creates openings on the upper level of the ground floor porch. Another horizontal strip, of circles with their lower half in relief and their upper half forming arches over the roof, crowns the facade. In this manner, an architecture which is above all figurative can both represent the institution of the museum and shape the exterior.

The basic module is an octahedron 6x6 metres in its base and 3.5 metres high, which is consistently repeated in a scaled manner, from the four modules wide and four modules high facade, to a single module. Another smaller module (6x1,80x3 metres) is placed between the larger modules, thus creating two types of space: the exhibition space, with a square shaped

floor plan, and the circulation gallery. These blocks are added in a search for variety and an attempt to create spatial diversity.

The graded height of the volumes and the addition of interior spaces also allows natural light to enter through the octagonal skylights. Light and space, essential elements of architecture, are once again serving the museum.

The new and existing buildings are connected by two octagonal rooms, one inside and the other next to the garden, which act as hinges between the different buildings. The 1.400 square metres dedicated to exhibitions are complemented in the basement with the administration offices and a 200 seat auditorium.

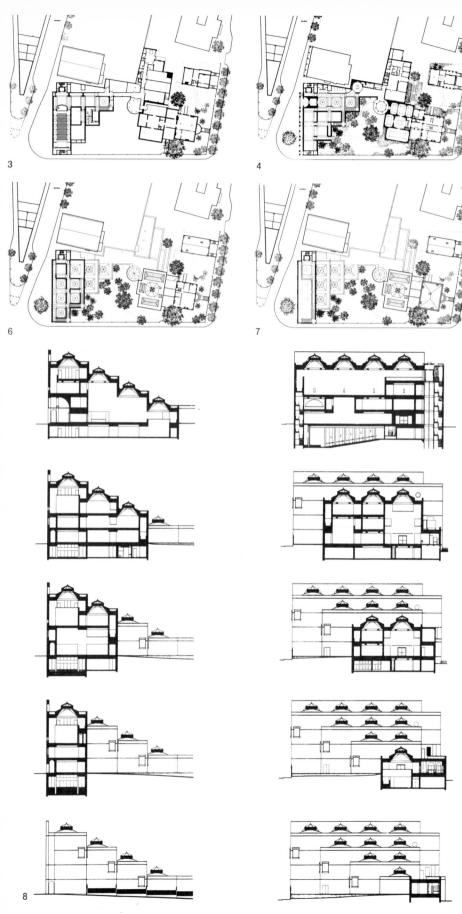

3. Planta sótano
4. Planta baja
5. Primera planta
6. Segunda planta
7. Tercera planta
8. Secciones
9. Entrada principal y pórtico que recorre la fachada
10. Vista del hall de entrada
11. Vista de las salas del último piso a doble nivel

3. Basement floor plan
4. Ground floor plan
5. Second floor plan
6. Third floor plan
7. Fourth floor plan
8. Sections
9. Main entrance and the porch along the facade
10. View of the entrance hall
11. View of the two level rooms on the top floor

PORTLAND MUSEUM OF ART

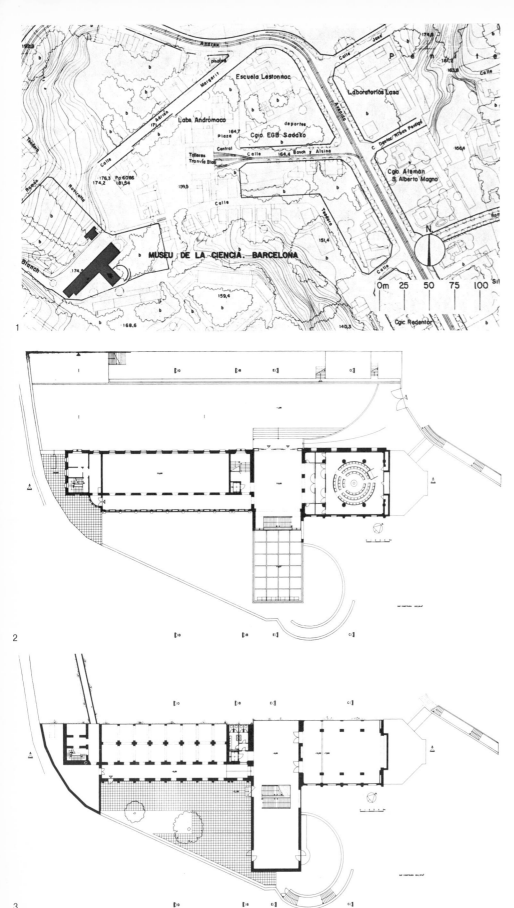

1

2

3

Museo de la Ciencia en Barcelona (España)
Arquitectos: Jordi Garcés, Enric Sòria
Proyecto: 1979; construcción: 1980

Este museo, realizado bajo el patrocinio de la Obra Social de la Caja de Pensiones para la Vejez y de Ahorros de Cataluña y Baleares, está instalado en lo que fue el antiguo edificio-asilo "Amparo de Santa Lucía", situado en la parte alta de Barcelona.

El antiguo edificio se componía de dos sectores. El primero, construido por el arquitecto Josep Domènech i Estapà (1904-1909), corresponde a la parte de mayor calidad arquitectónica de la obra. Más tarde, en los años cuarenta, el edificio fue ampliado para dotarlo de capilla y sala de actos, utilizando un lenguaje arquitectónico mimético respecto al original.

La operación renovadora actual se centró en la substitución total del interior de la ampliación del edificio. De esta manera se pudo introducir un cuerpo central de acceso, clara y rotundamente definido, que en la parte trasera se prolonga y que en la fachada principal desarrolla la imagen del nuevo edificio público. Esto se consigue a base del contrapunto que definen el cuerpo superior macizo realizado en obra vista y el acristalamiento en la base enfatizando la entrada. Desde este cuerpo central se accede, a la derecha, hacia las salas de exposición y, a la izquierda, hacia el planetarium (en la planta baja) y la sala de actos (en el sótano 2).

La circulación hacia los niveles de los sótanos se realiza por una escalera de un tramo situada en el fondo del hall de entrada. Las salas de exposición, a las que se accede por una escalera más recóndita, están organizadas por un corredor que, a la larga, también se ha ido convirtiendo en zona de exposición. Es este vestíbulo central, de gran altura, el espacio más representativo del museo, resuelto desde la voluntad de expresar la idea de transparencia del edificio y de aprovechar la orientación sur de la fachada trasera. Por esta parte trasera se accede a las terrazas y jardines anexos al edificio. Además de este edificio más representativo, el conjunto consta de otros pequeños destinados a librería, administración, etc. El museo está pensado para que en un futuro sea ampliado con otros cuerpos anexos.

El Museo de la Ciencia está, en cierta manera, ligado a la idea de contenedor. Por la misma indefinición del programa inicial, el proyecto se fue trazando sobre la marcha, definiéndose paulatinamente el uso de cada uno de los espacios de este contenedor: salas de exposición, planetarium, sala de

actos, etc. La parte dedicada a exposición se compone de una sucesión de salas diáfanas de considerables dimensiones. El programa corresponde al de un museo de la ciencia en el que una parte de los objetos es fija y otra parte corresponde a exposiciones temporales. Los objetos expuestos carecen de valor artístico; están en el museo por su interés didáctico y científico. Es éste un museo entendido desde la óptica del museo como centro de producción de cultura, experimentación y diversión; pensado especialmente para un público infantil y juvenil.

El conjunto de la obra tiene una superficie construida de 4.383 m² y una superficie urbanizada de 4.361 m². Las obras del edificio, sin contar el montaje de la exposición, costaron en 1980 una cantidad aproximada de 200 millones de pesetas, resultando, por tanto, un precio aproximado de 50.000 pesetas m². El sistema de iluminación artificial quedó definido para la parte fija del edificio. El sistema de calefacción combina agua y aire caliente. Las instalaciones eléctricas se han trazado procurando no deteriorar la imagen del edificio antiguo.

1. Plano de situación del museo, en la parte alta de Barcelona, por encima del Paseo de San Gervasio
2. Planta baja, con el planetarium
3. Planta sótano 1, con las salas de exposición y la zona de las terrazas
4. Fachada principal en su estado original
5. Fachada principal con la reforma actual definiendo el acceso

1. Location plan of the museum in the hills of Barcelona, above Paseo San Gervasio
2. Ground floor, with the planetarium
3. Basement floor plan, with the exhibition rooms and the terrace area
4. Main facade in its original state
5. Main facade with the remodelling defining the access

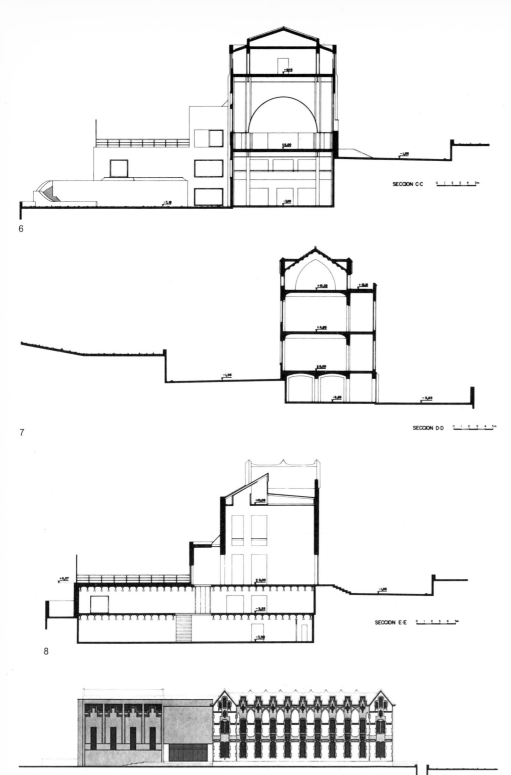

6

7

8

SECCION C-C

SECCION D-D

SECCION E-E

FACHADA NORTE

9

Science Museum of Barcelona (Spain)
Architects: Jordi Garcés, Enric Sòria
Project: 1979
Construction: 1980

This museum was built under the patronage programme of the Savings Bank 'Caja de Pensiones para la Vejez y de Ahorro de Cataluña y Baleares', and is located in an old asylum 'the Amparo de Santa Lucia', in the hill area of Barcelona.

The old building comprised two sections. The first, built by the architect Josep Domènech i Estapà (1904-1909), is better architecturally. Later, during the forties, the building was enlarged to give it a chapel and auditorium, using an architectural language similar to the original.

The current renovation was centred on the complete replacement of the interior of the extension. A clear, boldly defined central access volume was introduced, that extends the rear and develops a new civic image on the main facade. This is achieved by counterpointing the massive brick upper section, and by glazing the base to emphasize the entrance. From this central body one enters the exhibition rooms to the right and the planetarium (on the ground floor) and the auditorium (in the second basement) to the left.

The basement access consists of one flight of stairs at the end of the entrance hall; the exhibition rooms are reached by a concealed staircase, and are linked by a corridor which has sometimes been used as exhibition space. The central hall, with high ceilings, is the most representative space of the museum, and it has been designed with the idea of emphasising the transparency of the building as well as taking advantage of the south orientation of the back facade. Through this back facade there is access to the terraces and gardens adjacent to the building. Besides this building, which is the most representative, the museum has smaller ones for its bookshop, offices, etc. Other adjacent blocks may be added in the future.

The Science Museum in a sense uses the concept of the container. Because of the undefined initial programme, the project was devised en route, gradually specifying the use of each space: exhibition rooms, planetarium, auditorium, etc. The exhibition space is made up of large column-free rooms. It allows for the fact that some of the objects are fixed and some are temporary exhibits. The objects on exhibition have no artistic value; they are in the museum because of their didactic and scientific interest. This museum is conceived as a centre of cultural production, experi-

6. Sección CC que muestra la sala de actos (en el nivel inferior) y el planetarium (en el nivel de acceso)
7. Sección DD por el ala de las salas de exposición
8. Sección EE por el hall de acceso y el cuerpo que se prolonga en la parte trasera
9. Fachada principal

6. Section showing the auditorium (lower level) and the planetarium (access level)
7. Section through the exhibition rooms wing
8. Section through the access hall and the back extension
9. Main facade

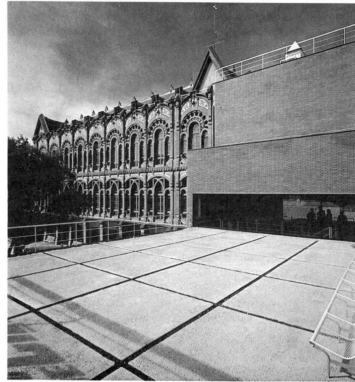

10

11

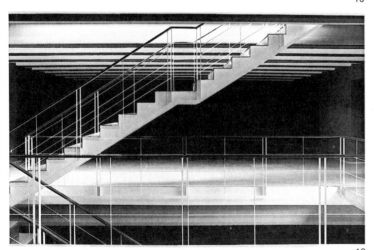

12

13

mentation and entertainment, specially designed for children and young people. The whole project has a built area of 4,383 square metres and an exterior landscaped area of 4,361 square metres. The construction, not including the setting-up of the exhibition, cost in 1980 approximately 200 million pesetas, which works out at about 50,000 pesetas per square metre. An artificial lighting system was defined for the permanent exhibition spaces. The heating system combines hot air and water, and the electricity has been installed in such a way as to preserve the image of the old building.

10 y 11. Vistas de la fachada posterior
12. Detalle de la escalera principal
13. Vista interior del vestíbulo central desde la entrada

10. & 11. Views of the back facade
12. Detail of the main staircase
13. Interior view of the central hall from the entrance

Museo de arte en Holstebro (Dinamarca)

Arquitecta: Hanne Kjaerholm
Proyecto: 1976; obra finalizada: 1981

En 1976, Hanne Kjaerholm ganó el primer premio del concurso para un nuevo complejo museístico en Holstebro, pequeña ciudad en el noroeste de Jutlandia. El conjunto se sitúa alrededor de una villa patricia de 1915 y está rodeado de un gran parque. La arquitectura del nuevo edificio está pensada para respetar las cualidades del edificio antiguo. La entrada principal está en la villa, además del hall y el paso de comunicación a todo el conjunto, y el museo está pensado primordialmente para aprovechar al máximo el contacto con la naturaleza y la luz.

Este museo de arte constituye la primera fase de todo un conjunto cultural, que constará además con un museo de cultura e historia.

El conjunto ha adoptado la forma modular. Según un módulo de 5 por 5 metros, que se va subdividiendo en módulos menores, el museo puede ampliarse, ofreciendo un alto nivel de flexibilidad. Sobre el principio estructuralista de este modulado básico se van definiendo los cuerpos del edificio, se dejan espacios ajardinados exteriores y se sitúan los ejes de las arcadas de cristal. Excepto el mármol de los suelos y el aluminio de las fachadas, el color predominante es el blanco, estando incluso los muros perimetrales de ladrillos pintados de este color.

El tema más cuidado del museo es el de la iluminación natural. La luz puede penetrar a través de las arcadas de cristal y de los grandes ventanales. Está siempre controlada por sofisticados sistemas tales como pantallas reflectoras del sol que pueden adoptar cualquier posición según la cantidad de sol. De noche estas mismas placas han almacenado calor y sirven para la seguridad del edificio. En último término, la gran calidad de este museo estriba en los materiales, las vistas al parque y la atmósfera que en los espacios interiores crea la luz.

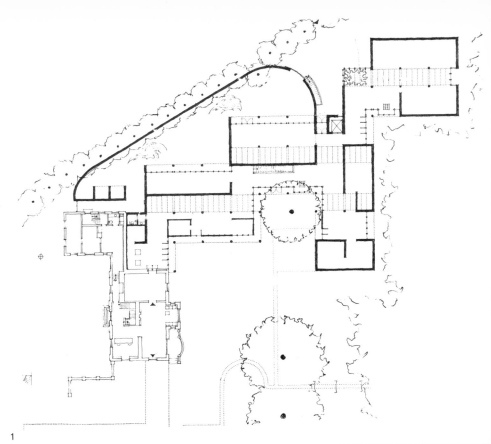

1

2

1.	Planta general	1.	General Plan
2.	Vista exterior con la antigua villa a la derecha	2.	Exterior view with the old villa to the right
3.	Vista interior con los lucernarios	3.	Exterior view with the skylights
4.	Vista interior con las pantallas reflectoras	4.	Interior view with the reflecting screens
5.	Esquema del uso de las pantallas	5.	Scheme of the use of the screens

3

Museum of Art in Holstebro, Denmark
Architect: Hanne Kjaerholm
Project: 1976
Construction: Completed 1981

In 1976, Hanne Kjaerholm won the first prize in a competition for a new museum complex in Holstebro, a small town in the northeast of Jutland. The complex is located around a patrician villa of 1915 and is surrounded by a large park. The architecture of the new building respects the qualities of the old building. The main entrance is in the villa, as are the hall and communication passageway to the rest of the complex. The museum is designed to take maximum advantage of nature and light.

This art museum is the first phase of a cultural complex which will include a history and culture museum.

It is a modular building. A 5 by 5 metres module can be subdivided into smaller modules, giving scope for extension and offering a high level of flexibility. On the structuralist principle of this basic module, the various volumes of the building are defined, leaving landscaped areas on the exterior, and placing the axes on the glazed arcades. Apart from the marble on the floors and the aluminium on the facades, the predominant colour is white, and that includes the surrounding brick walls.

The most carefully planned aspect of the museum is the use of natural light. Light penetrates through the glass arcades and the large windows. It is controlled by sophisticated systems such as sun-reflecting screens that can be adapted to the amount of sunlight. At night, these screens store heat and are also used for the building's security. Finally, the great strength of this museum lies in the materials used, the views of the park and the atmosphere the light creates in the interior.

4

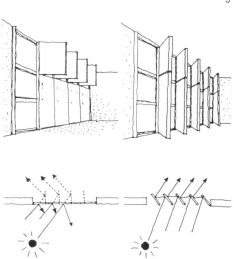

5

Museo de Arte Gráfico Okanoyama, Nishiwaki (Japón)

Arquitecto: Arata Isozaki
Proyecto: 1982-1983; finalización de la obra: 1984

Este pequeño y singular museo se halla situado dentro de un parque y está dedicado íntegramente a exponer de manera permanente la obra gráfica del artista Tadanori Yokoo, nacido en 1936. Adopta como forma una pretendida metáfora de una serie de vagones de ferrocarril. Por esto su forma alargada y prolongable, basada en una estructura lineal en la que se van alternando galerías y piezas de comunicación. Tras atravesar un pórtico con seis columnas gigantes se accede subiendo a la primera sala dedicada a la obra de este artista durante los sesenta, posteriormente se pasa a la sala dedicada a la obra de la década de los setenta y luego a la de los ochenta. Por tanto, en el futuro, se le irán añadiendo al museo galerías-vagones. Los vestíbulos que conectan entre sí cada una de las galerías están dedicados metafóricamente a los temas que han sido predominantes en la obra de cada década. En las galerías se pretende definir un espacio más bien neutro, con paredes blancas y un sistema de iluminación cenital sencillo y bello. En el piso inferior están ubicados servicios como oficinas, seminarios y almacenes. En cuerpos conectados pero independientes están situados el taller (de paredes curvas y ciegas) y la Sala de meditación (de paredes curvas hechas de pavés sobre un soporte en forma de cruz).

Tanto en esta obra como en otras obras recientes, Isozaki pretende proponer, a base de volúmenes simples y de alto valor simbólico, una arquitectura que ofrezca a la gente espacios figurativos y no abstractos.

1. Vista exterior
2. Vista frontal

1. Exterior view
2. Frontal view

1

Okanoyama Graphic Art Museum, Nishiwaki, (Japan)

Architect: Arata Isozaki
Project: 1982-1983
Construction: Completed 1984

This small, outstanding art museum is located inside a park and is entirely dedicated to the permanent exhibition of the work of the artist Tadanori Yokoo, born in 1936. The building employs the metaphor of a series of railroad wagons. This explains its long and extendable shape, based on a linear structure in which galleries and communicating rooms alternate. After entering through a portico with six giant columns, one reaches a series of three rooms dedicated, respectively, to Yokoo's work during the sixties, seventies and eighties. Thus, in the future, new wagon-galleries may be added. The halls that interconnect the different galleries are metaphorically dedicated to the predominant themes of each decade's work. In the galleries, the space is defined neutrally, with white walls and beautifully simplistic top lighting. Services, such as offices, seminars and storage areas, are located on the lower floor. In independent but connected blocks are located the workshops (with blind, curving walls) and the meditation room (with curved walls made of glass blocks over a cross-shaped support).

Both in this work and more recently, Isozaki seems to propose, on the basis of simple and highly symbolical volumes, an architecture which offers people figurative, rather than abstract spaces.

2

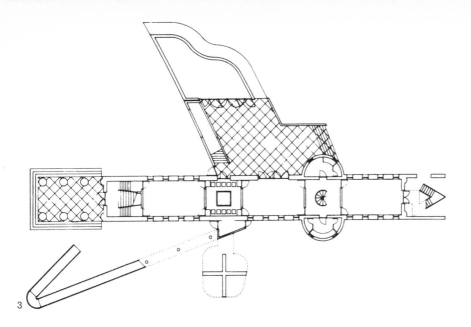

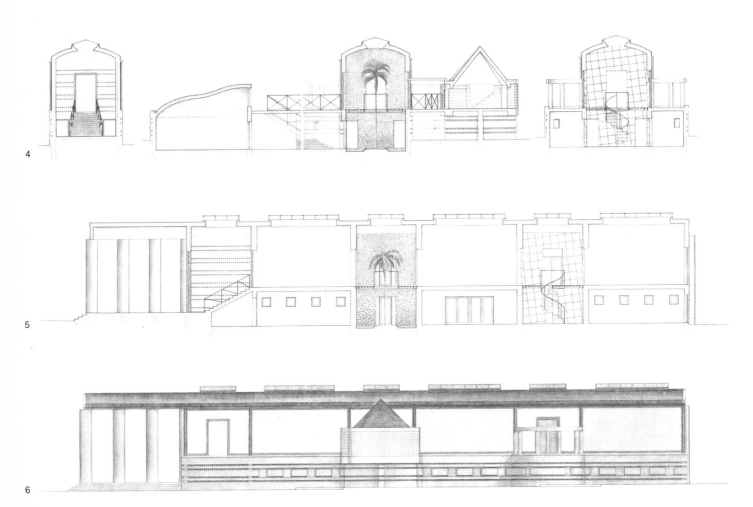

Museo de Arte Contemporáneo, Los Angeles (Estados Unidos de América)
Arquitecto: Arata Isozaki & Associates
Proyecto: 1982; construcción: 1986.

El nuevo edificio para el Museo de Arte Contemporáneo de Los Angeles se halla ubicado en la zona de Bunker Hill, en el corazón de la *downtown* de Los Angeles, una zona cuyo desarrollo, diseñado por Arthur Erickson, prevé funciones mixtas como hoteleras, administrativas y residenciales. En este contexto complicado, con grandes y altos rascacielos que fácilmente podía haber propiciado un edificio sin elegancia, gracia ni distinción, Isozaki propone un bello edificio que destaca de manera apreciable en términos de forma, color y nobleza de proporciones. Una serie de volúmenes puros, octoedros, cubos, semicilindros y pirámides, configuran el edificio. La sección áurea como método occidental de dividir el espacio y la teoría oriental del positivo-negativo, como método de descomposición del espacio, están en la base del sistema utilizado por Isozaki.

El proyecto definitivo de 1982 es de una arquitectura rigurosamente moderna sobre una implantación museística tradicional. Siete salas de diverso tamaño se articulan en torno a un patio central a dos niveles y al

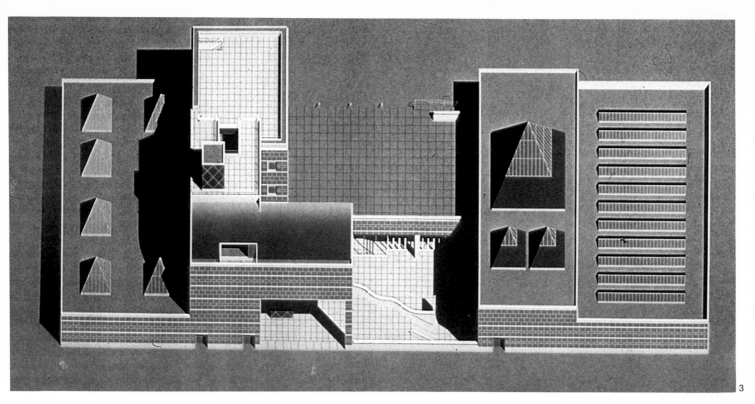

patio de esculturas. Dos volúmenes al norte y al sur cierran el patio, por encima del cual destaca el volumen de oficinas con cubierta en bóveda semicircular. De los volúmenes más neutros correspondientes a las salas de exposición sobresalen los lucernarios de forma piramidal.

Los requerimientos básicos, que los responsables del museo hicieron desde un principio, exigían especial cuidado en el tratamiento de los interiores, en especial de los muros, y que la iluminación debía ser natural, frente a la mayoría de museos construidos en los años setenta con iluminación artificial, eufemísticamente llamada "luz controlada". Los volúmenes ciegos estan recubiertos exteriormente de piedra natural de color rojizo, un material típicamente americano. Los espacios cerrados están siempre iluminados cenitalmente.

Además de las galerías y patios, el programa del edificio, se completa con un auditorio para 238 butacas, situado en el sótano, una biblioteca-sala de lectura, oficinas para conservadores y director, situadas en el cuerpo norte del patio, y almacenes-depósito en las plantas sótano que disponen de acceso rodado desde la calzada inferior de la Grand Avenue.

1. Foto maqueta desde la Grand Avenue
2. Perspectiva del patio
3. Axonométrica
4. Planta axométrica principal, con las salas de exposición

1. Photograph of the model from Grand Avenue
2. Rendering of the courtyard
3. Axonometric view
4. Main floor plan, with the exhibition rooms

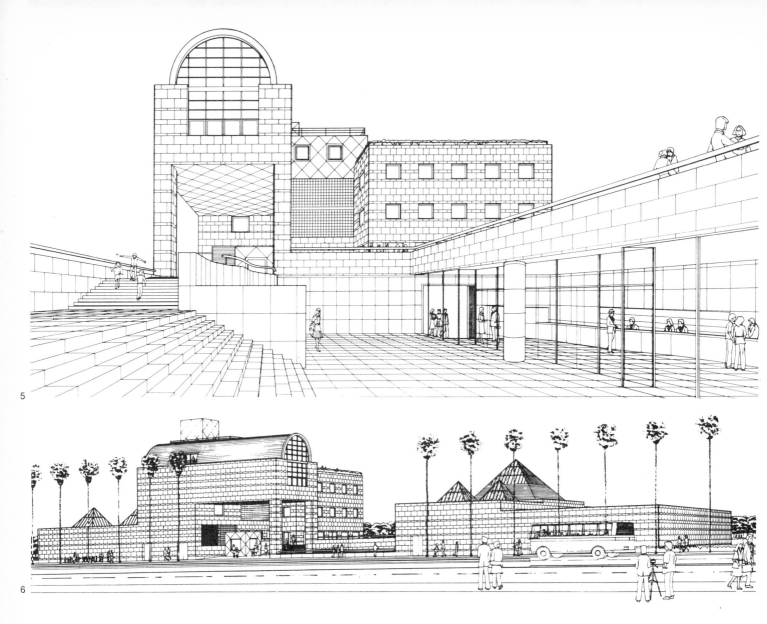

5

6

Museum of Contemporary Art, Los Angeles, (U.S.A)
Architect: Arata Isozaki
Project: 1982
Construction: 1986

The new building for the Museum of Contemporary Art in Los Angeles is located in the Bunker Hill area, in the heart of downtown Los Angeles, an area whose development, by Arthur Erickson, includes mixed buildings such as hotels, offices and housing. In this complex context, surrounded by tall skyscrapers that could easily have favoured a new construction without grace or distinction, Isozaki designs a beautiful building that is startling in its form, colour and elegance. A series of pure volumes, octahedrons, cubes, half cylinders and pyramids gives shape to the building. The Western space dividing method of the golden section, and the Eastern positive-negative theory as a method of decomposing space, are the basis of the system used by Isozaki.

The definitive project of 1982 sees a rigorously modern architecture contain a traditional museum functionality. Seven rooms of different size are set around a central courtyard, on two levels, and a sculpture garden. Two volumes on the north and south enclose the courtyard, and over this the volume of the administration offices stands out with its semicircular dome. The pyramidal volumes of the skylights jut out over the more neutral volumes of the exhibition rooms.

The basic requirements, set out from the very beginning by the people in charge of the museum, were to take extra care in the treatment of the interiors, especially the walls, and to ensure the use of natural light. This was before most of the museums of the sixties, which euphemistically labelled artificial light 'controlled light'. The blind volumes are faced with reddish natural stone, a typically American material. The closed spaces are always lit through skylights. In addition to the galleries and courtyards, the building has a 238 seat auditorium, located in the basement, a library and reading room, offices for the curators and director located in the north wing of the courtyard, and store rooms and depositories in the basement floors which have access to the road from the lower lane of Grand Avenue.

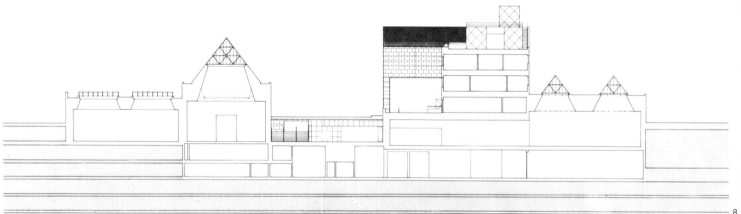

5. Vista desde el patio de acceso
6. Vista desde la Grand Avenue
7. Croquis preliminar
8. Sección longitudinal
9. Sección transversal

5. View from the access courtyard
6. View from Grand Avenue
7. Preliminary sketch
8. Longitudinal section
9. Cross section

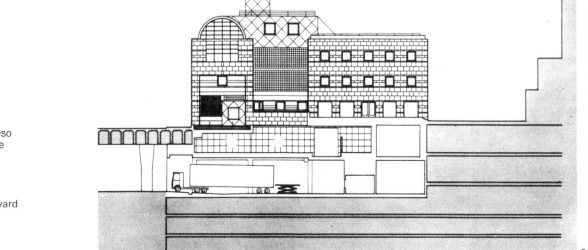

Museo de Arte Moderno, Nueva York (Estados Unidos de América)
Arquitectos: Cesar Pelli & Associates
Proyecto: 1977-1982; construcción: 1980-1984

En una operación sin precedentes, que despertó una amplia polémica, el Museo de Arte Moderno vendió los derechos de edificación encima de sus edificios, a fin de obtener ingresos que sanearan su economía y así poder ampliar el espacio del museo.

Se optó por construir la torre de 53 pisos de apartamentos sobre la expansión que Philip Johnson proyectó en 1951, con fachada principal en la calle 53, y se conservó la fachada del primer edificio de 1939 obra de Philip Goodwin y Edward Durrell Stone como símbolo representativo del MOMA, manteniendo la entrada al museo por este edificio. La nueva edificación debía integrarse con el estilo internacional de este último edificio y al mismo tiempo enlazarse en la fachada del jardín de esculturas con el lenguaje miesiano de la ala oeste proyectada por Philip Johnson. En el ángulo de conexión entre los edificios existentes y la nueva torre se sitúa un hall-jardín. Por este espacio se hacen discurrir las escaleras mecánicas. A él se accede directamente desde el hall de entrada y de él parten y confluyen las diversas galerías y dependencias. Por ello, por su contacto con el jardín exterior y sus dobles espacios, esta zona se convierte en el corazón del nuevo conjunto de edificios, y en el espacio público por excelencia del museo.

Con esta restructuración el MOMA ha doblado la superficie de espacios de exposición que ahora es de 6.200 m² para las exposiciones permanentes y de unos 1.800 m² para las exposiciones temporales, ha aumentado el auditorio en 250 butacas, en un 30 % el espacio de oficinas administrativas y dependencias para los conservadores y dispone de nuevos restaurantes, salas de reunión, biblioteca, nuevos espacios de recepción y de ventas.

En cuanto a las galerías o salas de exposición, su organización continúa siendo el fruto de la agregación de varios edificios. En su diseño ha seguido prevaleciendo el criterio, ya tradicional en el MOMA, de la máxima neutralidad. Las nuevas galerías de arquitectura y diseño, ubicadas ahora en la cuarta planta, han sido concebidas con especial cuidado por Arthur Drexler.

Museum of Modern Art, New York (U.S.A)
Architects: Cesar Pelli and Associates
Project: 1977-1982
Construction: 1980-1984

Acting in an unprecedented manner, and one which aroused understandable opposition, the Museum of Modern Art sold the construction rights of its buildings, in order to raise enough money to heal its ailing economy, and provide more space.

It was decided to build a 53 storey apartment tower over the extension designed by Philip Johnson in 1951, with its main facade in 53rd Street, retaining the facade of the original 1939 building, by Philip Goodwin and Edward Durrell Stone, as a representative symbol of the MOMA, and leaving the entrance in this building. The new construction had to be integrated to the international style of the 1939 building, but also connect with the Miesian sculpture garden facade in the west wing designed by Philip Johnson. In the connecting angle between the existing buildings and the new tower is located a garden-hall, through which the escalators ascend. This space is entered directly from the entrance hall, and the different galleries and annexes radiate from it. Thus this area, with its contact with the exterior garden and its doubly high ceilings, becomes the heart of the new museum complex, and its main public space.

The restructuring has doubled MOMA's exhibition space, which is now 6,200 square metres for permanent exhibitions and around 1,800 square metres for temporary exhibitions. The auditorium has an extra 250 seats, the office space for administration and curators has grown by 30%, and it has new restaurants, meeting rooms, library, reception and sales space.

The galleries or exhibition rooms still function as a series of several buildings. It has been designed in the MOMA tradition of maximum neutrality. The new architecture and design galleries, located on the fourth floor, have been designed with special care by Arthur Drexler.

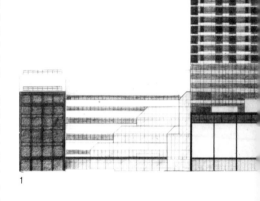
1

1. Alzado de la parte norte
2. Vista aérea con las fachadas al jardín de esculturas

1. North elevation
2. Aerial view with the sculpture garden facade

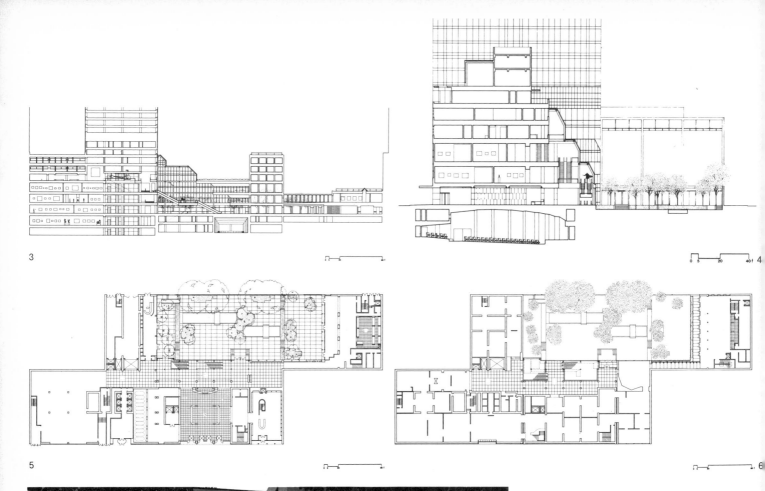

3

5

7

3. Sección mirando al norte
4. Sección mirando al oeste
5. Planta baja
6. Primera planta
7. El jardín con el nuevo espacio acristalado
8. Vista interior del hall con las escaleras mecánicas

3. Section looking north
4. Section looking west
5. Ground floor
6. Second floor
7. The garden with the new glazed space
8. Interior view of the hall with the escalators

1

Museo de Arte Romano en Mérida, Badajoz (España)
Arquitecto: Rafael Moneo
Proyecto: 1980; construcción: terminada en 1985

Este museo forma parte de todo un conjunto de restos arqueológicos en gran parte aún por excavar. El nuevo edificio se coloca sobre parte de restos de villas romanas, albergándolos en su base.

La forma general del edificio se basa en hacer evidente uno de los principios en què se fundó la arquitectura romana: la solidez de la fábrica. De ahí que, según esta analogía conceptual, se hayan adoptado al pie de la letra sistemas de construcción romanos a base de muros y arcos de ladrillo. Se pretende que tanto los espacios interiores como la forma exterior monumental sean resultado exclusivo de la estructura constructiva adoptada.

El acceso se realiza por un cuerpo autónomo que alberga en sus distintos pisos los servicios públicos del museo así como la administración. Otro cuerpo secundario contiene servicios internos del museo tales como garages y talleres de restauración. El edificio del museo propiamente dicho está definido por la relación dialéctica entre la estructura de los muros y los recorridos que los van atravesando, configurándose en planta baja un enorme vacío longitudinal, creado por una secuencia de gigantes-

cos arcos de medio punto, que otorga el carácter monumental y emocionante al espacio interior. Aparece así un gran espacio único, a modo de nave, en el que quedarán instaladas las piezas de mayor valor, y, en los corredores perpendiculares, se cobijarán las colecciones menores. Atravesando el grueso muro de ladrillo y los corredores laterales, discurren en altura dos pasarelas que permiten nuevos puntos de vista. El museo se ha de percibir como una inmensa biblioteca de restos pétreos.

En la planta de las ruinas, debajo de la gran nave del museo, el orden de las ruinas colisiona con el orden de la nueva estructura del edificio. Una misma lógica constructiva separada por los siglos sugiere la conciencia del tiempo.

Con esta arquitectura se ha perseguido recrear una cierta visión de algunos claustros romanos y de algunos grabados de Piranesi. En este museo, estructura espacial del edificio e idea de ordenación de la colección mantienen una estrecha identificación. Y este edificio, como la mayor parte de los proyectos de Moneo, destaca por su singularidad, por ser una respuesta concreta a una situación determinada.

La iluminación natural, tema central del edificio, se consigue de diferentes maneras para lograr diversas atmósferas dentro de la homogeneidad espacial: iluminación cenital neutra en las naves transversales menores, ventanas altas en la fachada sur y en la fachada norte, con iluminación también

cenital sobre los muros paralelos de esta fachada norte. La iluminación artificial está pensada según una distribución flexible y abierta. La calefacción, para permitir una planta libre, está instalada en el suelo, volviendo una vez más a coincidir con las viejas soluciones de los hipocaustos romanos.

1. Vista general del edificio con la entrada al museo
2. Vista de la planta de las ruinas

1. General view of the building with the museum's entrance
2. View of the floor housing the ruins

Museum of Roman Art in Mérida (Spain)
Architect: Rafael Moneo
Project: 1980
Construction: Completed 1985

This museum is part of a group of archeological remains still not wholly excavated. The new building is placed over some of the remains of Roman villas, which are protected in its basement.

The general shape of the building is based on one of the principles of Roman architecture: the solidity of the structure. As a result of this conceptual analogy, the actual Roman construction system of brick walls and arches has been adopted. It was intended that both the interior spaces and the exterior monumental form should be exclusively the result of the adopted construction process.

The access is through an independent volume which houses the museum's public services on its various floors, as well as the administration offices. Another secondary volume houses internal services such as the garage and restoration workshops. The museum building itself is defined by a dialectical relationship between the structure of the walls and the corridors that cross them, giving shape on the ground floor to an enormous longitudinal void, created by a sequence of giant semicircular arches, which give the interior space a monumental and exciting quality. In this way, a large single nave-like space is created in which the most valuable objects will be exhibited, with a series of perpendicular corridors housing minor collections. Through the thick brick wall and the side corridors, two elevated walkways allow different viewpoints. The museum should be perceived as an immense library of stone remains.

Under the large nave of the museum, the order of the ruins collides with the order of the building's new structure. The use of the same construction logic, separated by centuries, creates an awareness of the passage of time.

This architecture has recreated an image of the Roman cloister and Piranesi's engravings. The spatial structure of the building and the ordering logic behind the collections are closely identified with each other. And the building, like most of Moneo's projects, stands out both for its individuality and for providing a concrete solution to a specific situation.

Natural light, which is an important element in the building, is used in various ways, to create different atmospheres within the unity of the space: skylights that give a neutral light to the smaller cross naves, tall windows on the south and north facades, and again skylights giving light to the parallel walls of the north side. Artificial light has been designed to be flexible. To allow for a free floor plan, the heating runs under the floor, another reference to the old idea of the Roman hypocaust.

2

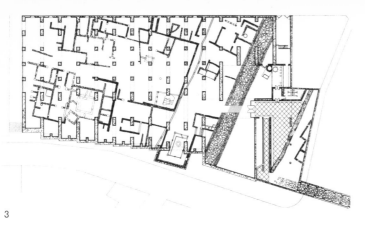

3

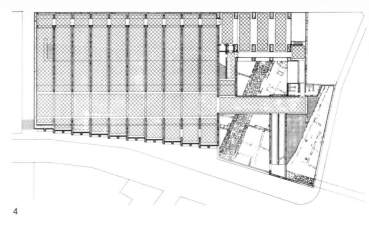

4

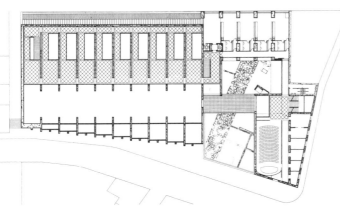

5

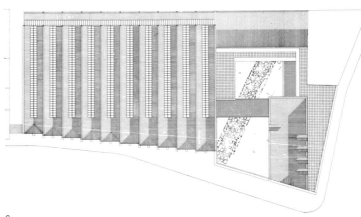

6

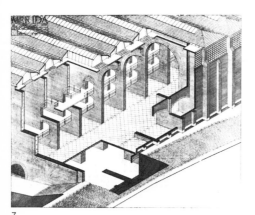

7

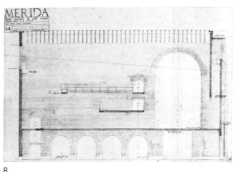

8

9

3. Planta de ruinas
4. Planta de la nave central
5. Planta de la segunda pasarela
6. Planta de cubiertas
7. Sección en axonométrica
8. Sección transversal por las pasarelas y alzado de los arcos del interior de las naves
9. Vista exterior de la fachada sur, con la culminación de las naves laterales
10. Vista de las naves laterales y las pasarelas primera y segunda
11. Vista de la nave central

3. Floor plan of the ruins
4. Central nave floor plan
5. Plan of the second elevated walkway
6. Roof plan
7. Axonometric section
8. Cross section through the walkways and elevation of the arches in the interior of the nave
9. Exterior view of the south facade, with the pointed side naves
10. View of the side naves and the first and second walkways
11. View of the central nave

10

11

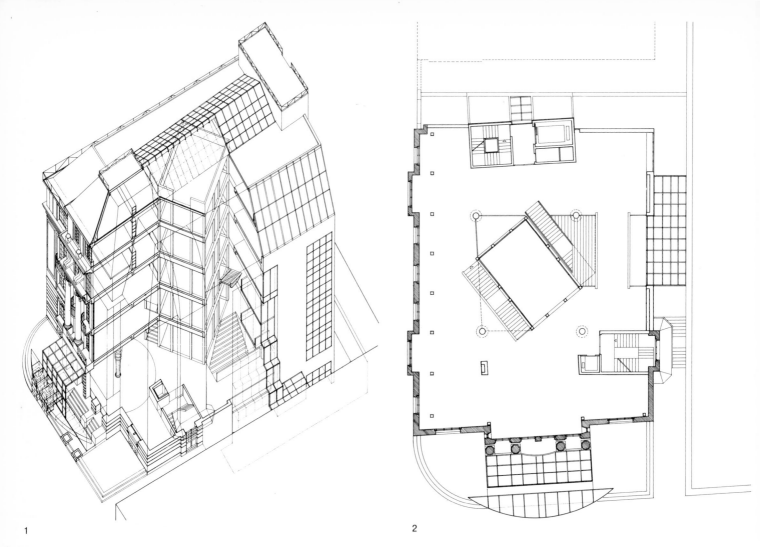

1   2

Museo alemán del cinema en Frankfurt (República Federal Alemana)

Arquitecto: Helge Bofinger & Partners
Proyecto: 1979; construcción: 1981-1984

Formando parte de la sucesión de museos en la orilla del río Main, este museo del cine (el primero que se funda en la República Federal Alemana) se realizó por encargo del Departamento de Edificación del Ayuntamiento de Frankfurt. Tal como también sucede con los otros recientes museos de este definido contexto urbano, este edificio se ha establecido utilizando una antigua villa residencial.

La intervención ha consistido en la total demolición de la estructura del edificio antiguo, conservando las dos fachadas históricas que dan al río y a la Schweizer Strasse. El interior se ha reorganizado mediante un núcleo central, formado por un patio colocado en diagonal, que configura un volumen prismático sobresaliente en la cubierta. Dicha torre vacía está rodeada por espacios abiertos en tres de sus lados, si-

tuándose en dos de ellos las escaleras de acceso. En el exterior, un pórtico de piedra arenisca roja (para contrastar lo nuevo con el color gris del edificio existente) surge como referencia a la silueta de las clásicas entradas de cines y teatros. En el sótano, accesible desde la planta de acceso, existe un café compartido con el Museo de Arquitectura. El museo alberga tanto exposiciones fijas (como la del primer piso sobre los progresos de la cinematografía) como áreas para exposiciones temporales.

Este edificio ocupa una superficie total neta de 4.890 m² y costó en 1984 diez millones y medio de marcos alemanes.

1. Axonométrica que muestra el mecanismo interno de escaleras y patios
2. Planta del primer piso
3. Vista desde el este de la fachada histórica
4. Detalle de uno de los tres patios triangulares, el que no está atravesado por escaleras
5. Hall de entrada con una antigua taquilla de cine

1. Axonometric drawing showing the inner functioning of stairs and courtyards
2. Second floor plan
3. View from the east of the historic facade
4. Detail of one of the three triangular courtyards, the one without stairs
5. Entrance hall with an old cinema ticket booth

German Film Museum, Frankfurt (German Federal Republic)
Architect: Helge Bofinger and Partners
Project: 1979
Construction: 1981-1984

One of the series of museums that border the Main river, this film museum (the first to be created in the Federal Republic of Germany), was commissioned by the Building Department of the Municipality of Frankfurt. Like the other recent museums in this defined urban context, it uses an existing restructured residential villa.

The conversion consisted in the total demolition of the structure of the existing building, keeping only the two historical facades on the river and Schweizer Strasse. The interior has been organized around a central nucleus, formed by a diagonally placed courtyard, that gives shape to a prismatic volume jutting out of the roof. This empty tower is surrounded by open spaces on three of its sides, and in two of these spaces the stairs are located. On the exterior, a portico of red sandstone (that contrasts the new with the grey of the old building), is a reference to the classical entrances to cinemas and theatres. The basement is entered from the ground floor, and in it is located a café which is shared by the Museum of Architecture. The museum houses both permanent exhibitions (like the one on the second floor on the development of cinematography) and areas for temporary exhibitions.

This building occupies a total net surface of 4,890 square metres and in 1984 cost ten and a half million German marks.

3

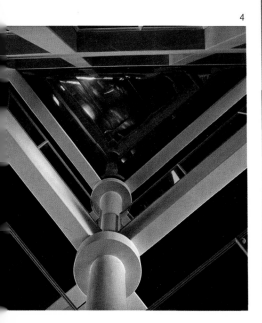

4

5

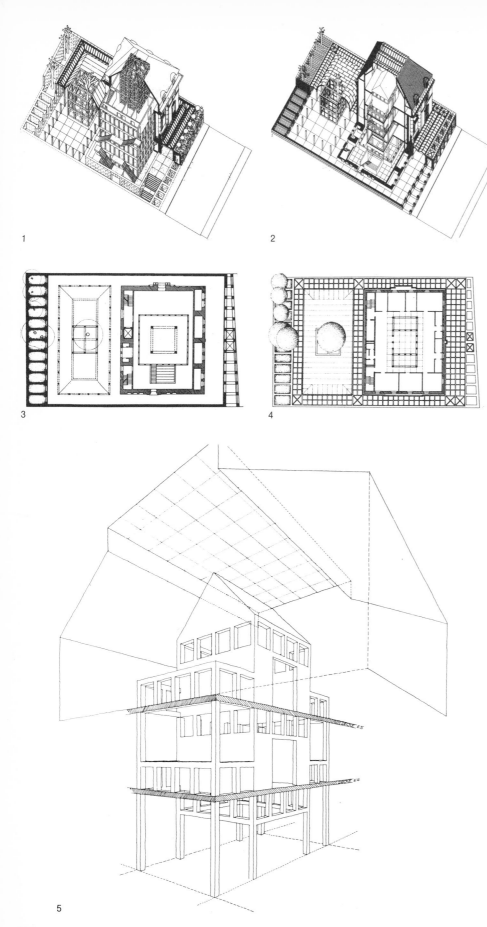

1

2

3

4

5

Museo alemán de Arquitectura en Frankfurt (República Federal Alemana)

Arquitecto: Oswald Mathias Ungers
Proyecto: 1979; construcción: finalizada en 1984

La decisión de crear este museo dedicado a la arquitectura internacional de la edad contemporánea (siglos XIX y XX) fue tomada en 1979 y en esta empresa jugó un importante papel Heinrich Klotz, su primer director. El museo ha de servir para presentar exposiciones temporales sobre la arquitectura actual, conservar dibujos y maquetas y promover la discusión y reflexión arquitectónica.

Para su realización se ha conservado una antigua villa urbana de 1901, formando parte de la secuencia de museos frente al río Main. Estos museos definen una nueva área urbana, un paseo cultural (configurado por el río, los jardines y estos edificios) como contrapunto a la ciudad de los negocios, en la otra orilla del Main.

Con el mismo proyecto se realizaba una primera operación de museología: conservar un edificio antiguo y convertirlo en objeto a exponer. Todo el interior de la villa ha desaparecido y los muros exteriores y los árboles del jardín, purificados, han adquirido la dignidad del objeto de exposición. En el interior, Ungers ha adoptado la solución de inscribir "la casa dentro de la casa". Es decir, desde una opción predominantemente didáctica y conceptual, el mismo museo se propone a sí mismo como ejemplo, como lección de lo que puede ser la arquitectura. La intervención es de una gran complejidad: la vieja casa hace de envolvente de la casa dentro de la casa, pero, a la vez, una nueva envoltura rodea la casa antigua ocupando el área libre existente. Este cuerpo perimetral bajo, de nueva construcción, define en fachada unas arcadas para invitar al visitante; en los laterales, unas galerías desde las que la cubierta de cristal permite contemplar las fachadas antiguas; y en el jardín, detrás de la casa, un patio cubierto de cristal en el que se combina iluminación artificial y natural y que alberga un gran árbol (símbolo de la naturaleza). Este patio está rodeado por la galería perimetral y por unos pequeños patios en el fondo, como nichos, que contienen los árboles existentes.

Las escaleras, los patinejos de las instalaciones y el montacargas se interpretan como piezas de servicio y se esconden en la crujía que definen la fachada externa trasera y el ambiente interno. En planta baja y en el centro del edificio el visitante encuentra un gran espacio definido por cuatro pilares. Un previsto recorrido iniciático,

86

le permitirá ir descubriendo, según una secuencia de envolturas espaciales, la forma
física de la metáfora a la cabaña primitiva,
el objeto esencial y permanente del museo.
Se exige al visitante que siga el ritual de
acceso al templo de la arquitectura con-
sagrada.

Ungers puede realizar aquí una arquitectura que surge de la confianza en el mundo
de las formas como un ente autónomo, formado por la repetición de un repertorio
limitado y por la expresión estricta de las
leyes de la geometría. En el edificio se con-
traponen dos escalas y realidades, la funcional y humana del visitante y la abstracta
del mundo puro e ideal del pensamiento y
las formas, omnipresente en toda la obra.
Por esto el edificio está todo él pintado de
blanco y con una ausencia total de ornamento.

Tal como sucede también en el vecino Museo de Artes Decorativas, pero aquí con
más gravedad, el exagerado protagonismo
del edificio mismo como principal objeto a
contemplar convierte en difícil la exposición de cada obra de arte u objeto singular.
En este caso, incluso los espacios para los
seminarios y para el almacenaje del material a conservar son manifiestamente insu-
ficientes.

6

1. Axonometría de la primera solución
2. Axonometría del museo
3. Planta baja
4. Planta del tercer piso
5. Perspectiva de la casa interior
6. Vista de "la casa dentro de la casa"

1. Axonometric of the first solution
2. Axonometric of the museum
3. Ground floor plan
4. Fourth floor plan
5. Perspective rendering of the interior house
6. View of the 'house within a house'

German Museum of Architecture in Frankfurt (Federal Republic of Germany)
Architect: Oswald Mathias Ungers
Project: 1979;
Construction: Completed 1984

The decision to create this museum
dedicated to international contemporary
architecture (in the nineteenth and
twentieth centuries) was made in 1979, and
strongly supported by Heinrich Klotz, its
first director. The museum is to be used for
temporary exhibits of current architecture,
to keep drawings and models and to
promote architectural discussion and
reflection.

An old 1901 villa has been converted to
house the museum, being one of the series
facing the Main river. These museums
define a new urban space, a cultural
promenade (shaped by the river, the
gardens and these buildings), as a contrast
to the business area on the other side of the
water.

The project itself is an exercise in
museums: the conservation of an old
building and its conversion into an object to
be exhibited. The interior of the villa has
completely disappeared, and the outer
walls, together with the trees in the garden,
have achieved the dignity and purity of
exhibition objects. Inside, Ungers used the
idea of the 'house within a house'. That is,
from a mainly didactic and conceptual
point of view, the museum proposes itself
as an example, as a demonstration of what
architecture is about.

The project is a complex one: the old house
encloses the modern house within it, but at
the same time a new enclosure surrounds
the old house occupying the existing open
space. The low volume around the
perimeter, of modern construction,
includes a facade of arcades to entice the
visitor; on the sides, glass-roofed galleries
allow views of the old facades, and in the
garden, behind the house, a glass-covered
courtyard and combines natural and
artificial light contains a large tree (a
symbol of nature). This courtyard is
surrounded by the perimeter gallery and

7

by small courtyards in the background which form alcoves containing existing trees.

The stairs, the service shafts and the hoist are treated as service equipment and are hidden between the exterior facade and the interior structure. In the centre of the ground floor, the visitor finds a space defined by four columns. An introductory route will allow him or her through a sequence of architectural enclosures, to discover in physical form the metaphor of the primitive hut, an essential and permanent part of the museum. It is important that the visitor respects the access ritual to the sacred temple of architecture.

Ungers may here be creating an architecture that stems from a belief in the world of forms as an autonomous entity made up of the repetition of limited themes and the strict expression of the laws of geometry. The building superimposes two levels of reality, the functional and human level of the visitor and the abstract level of the ideal and pure world of thought and form, present throughout the work. This is why the building is painted completely white and there is such a total absence of ornament.

Like the neighbouring Museum of Arts and Crafts only here in a more extreme form, the exaggerated importance of the building itself as the object to be observed makes the exhibition of each work of art or individual object extremely difficult. In this case, even the spaces used for seminars and storage of material are clearly inadequate.

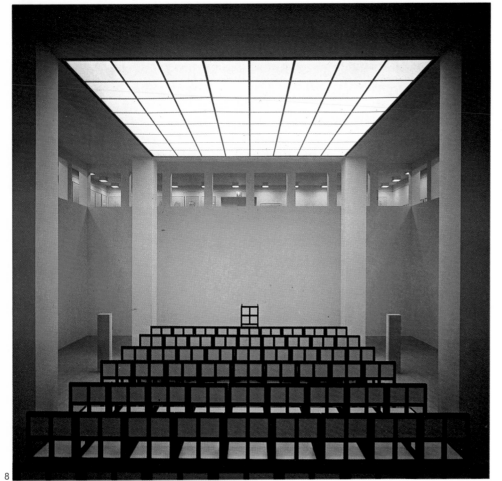

8

7. Vista exterior de la fachada desde la calle, con la antigua villa y el nuevo pórtico
8. El auditorio
9. El gran patio trasero, con el árbol que se ha conservado

7. Exterior view of the facade from the street, with the old villa and the new portico
8. The auditorium
9. The large back courtyard, with the tree that has been kept

9

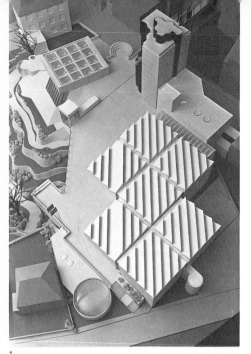

1

2

3

4

**Museo Municipal de Mönchengladbach
(República Federal Alemana)**
Arquitecto: Hans Hollein
Proyecto: 1972; finalización de la obra: 1982

En la realización de este museo han confluido las concepciones museográficas de Johannes Cladders, promotor y primer director del museo, y las concepciones arquitectónicas de Hans Hollein. Para Cladders, "el museo es la potencial obra de arte total del siglo XX", el museo debe ser un escenario estético que de una manera diversificada y figurativa se adapte al entorno circundante y a la obra de arte concreta que ha de albergar. Hans Hollein ha practicado una arquitectura muy cercana a esta pretensión de obra de arte global, rompiendo las barreras tradicionales entre arquitectura, escultura, pintura, interiorismo, diseño, etc.

Este museo, ubicado en un contexto marcado por la topografía y el entorno, adopta la actitud del contextualismo, intentando interpretar *ad hoc* el lugar. El museo se distribuye según una gran plataforma de la que emergen diversos volúmenes: la torre de administración, con la biblioteca, que adopta una forma curvada en su fachada de cristal, continuando la solución de las escaleras y muros curvos que comunican la plataforma con los jardines inferiores; el pabellón independiente dedicado a conferencias y exposiciones temporales; el pequeño templete que marca el acceso, al cual conduce desde la parte alta de la ciudad la vereda peatonal, y las salas, que muestran sus paramentos de chapa metálica y los lucernarios en forma de diente de sierra, y cuyos volúmenes sirven de contrapunto horizontal y repetitivo a las demás emergencias singulares.

Al lado y debajo de la gran plataforma se sitúan los tres pisos de salas de exposiciones. El más alto se corresponde prácticamente con el nivel de la plataforma y del acceso por la parte alta. El nivel medio corresponde al nivel del acceso desde la iglesia próxima (la Abteistrasse) y el piso más

5

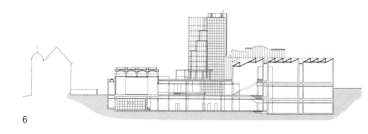

6

7

bajo es prácticamente un sótano. Tenemos así tanto salas iluminadas cenitalmente como artificialmente. Y aunque la mayoría de salas adoptan la forma cuadrada, atravesada por un itinerario en diagonal, existe una cierta variedad de forma, especialmente allí donde el contacto con la topografía define paredes de formas curvas.

Este museo, de entre los de la última generación, es el que más rompe con los cánones tradicionales del tipo museo, a causa de esta opción por la diversidad y diseminación de las formas, expresando al máximo el carácter singular y escultórico de cada volumen. Y esta ruptura se produce tanto en lo referente a la tipología arquitectónica como en lo referente a la atmósfera del museo. En cierta manera este edificio se colocaría en las antípodas del Centro Pompidou, tanto por su marcado eclecticismo como, sobre todo, por la actitud de contraponer a la indeterminación de un contenedor compacto, la utilización de formas autónomas y diversas que se amolden a cada función, a cada lugar, a cada pieza expuesta.

Municipal Museum of Mönchengladbach (Federal Republic of Germany)
Architect: Hans Hollein
Project: 1972; Construction: Completed 1982

The design of this museum has been influenced both by the museum conceptions of Johannes Cladders, its promoter and first director, and by the architectural conceptions of Hans Hollein. For Cladders, 'the museum is potentially the total work of art of the twentieth century', and should be an aesthetic scenario that, in a diverse and figurative manner, adapts itself to its surroundings and to the specific work of art that it has to contain. Hans Hollein has practised an architecture which is close to that idea of the global work of art, breaking the traditional barriers between architecture, sculpture, painting, decoration and design.

This museum, located within a context very much qualified by its topography and surroundings, has an environmental awareness, endeavouring to interpret its location in an *ad hoc* fashion. The museum consists of a large platform from which the

different volumes jut out: the administration tower, the library, with its curved shape and glass facade which is a continuation of the stairs and curved walls that connect the platform with the lower gardens; the independent pavilion used for lectures and temporary exhibits; the small temple that signals the route from the top of

1, 2, 3 y 4. Maqueta del proyecto con vistas de los diferentes niveles
5. Sección longitudinal
6. Sección transversal
7. El conjunto visto desde el parque inferior

1. & 4. Model of the project with views of the different levels
5. Longitudinal section
6. Cross section
7. The complex seen from the lower park

Figs. pp. 92 y 93
8, 9 y 10. Diversas vistas de salas de exposición

8. & 10. Several views of the exhibition galleries

8

9

the city down a pedestrian road, and the galleries, which show their metal sheet partitions and zig-zag shaped skylights as a repetitive horizontal counterpoint to the other individual volumes.

To one side, and below the large platform, are located three floors of exhibition galleries. The highest floor corresponds to the platform and upper access level. The intermediate level corresponds to the access from a near-by church (Abteistrasse) and the lower floor is almost a basement. Thus we have rooms that are lit both through skylights and with artificial light. And, although most rooms adopt a square plan that is penetrated by a diagonal itinerary, there is a certain variety of forms, especially where the contact with the topography defines curved walls.

This museum is, among those of the last generation, the one that most definitely breaks the traditional canons of museum type. With its diversity and dispersal of forms it fully expresses the sculptural and individual character of each volume. And this rift with tradition refers both to the architectural typology and to the museum's atmosphere. In a sense, this building is the exact opposite of the Pompidou Centre, particularly in its use of autonomous and diverse forms that adapt to each function, place and exhibit as opposed to the undefined nature of a compact container, and also in its clear eclecticism.

11. Detalle del voladizo y la ventana del bar orientado hacia el jardín e itinerario peatonal
12. Vista de las rampas, escaleras y muros sinusoides del jardín
13. Vista desde el jardín

11. Detail of the projecting roof and window of the bar loking towards the garden and pedestrian itinerary
12. View of the ramps, stairs and curving walls of the garden
13. View from the garden

13

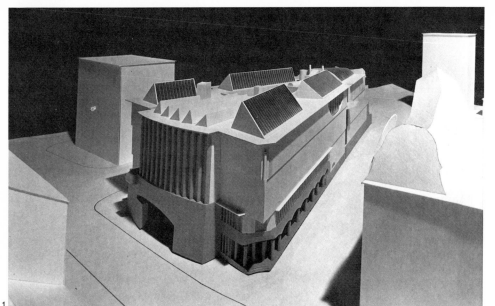

1

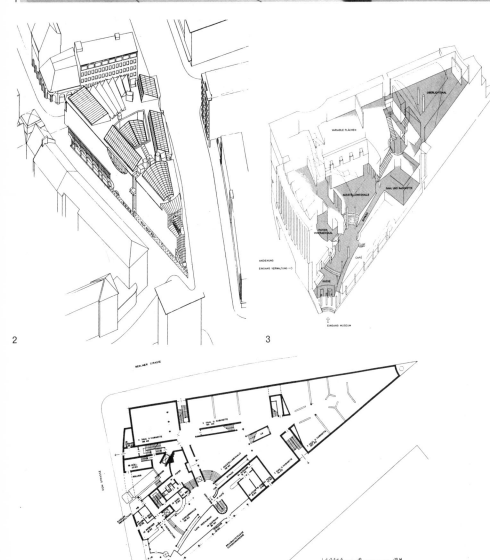

2

3

4

Museo de Arte Moderno en Frankfurt (República Federal Alemana)
Arquitecto: Hans Hollein
Concurso: 1983

Dentro de la política tendente a convertir a Frankfurt en un centro cultural internacional, se sitúa este proyecto de Museo de Arte Moderno, para el cual se convocó un concurso internacional. En él se presentaron proyectos de arquitectos como Ungers, Rem Koolhaas, Renzo Piano, Kollhoff y Ovaska, y otros. Tanto el primer premio, otorgado a Hollein, como los accésits, adjudicados a los catalanes Clotet y Tusquets y a los norteamericanos del equipo SITE, muestran cómo el jurado, interdisciplinar e internacional, se inclinó por aquellas soluciones más figurativas, irónicas, escultóricas y eclecticistas.

El solar es de forma triangular y está situado al norte de la catedral. En la solución de Hollein la entrada, orientada al sur, está descentrada y situada junto a una calle peatonal, quedando definida por unas arcadas que expresan el hall y el café en la planta baja. El museo se organiza en el interior según una secuencia de salas a medida que se atraviesa el edificio hacia su vértice y se van subiendo niveles. Tras el sistema lineal de espacios de entrada se accede por una escalinata a una sala que en altura se convierte en el patio organizador de esta parte del edificio. Y según un complejo sistema de escaleras se llega, finalizando el itinerario, a la sala central de exposiciones (que tiene una gran cubierta curva de cristal). Detrás del patio, definiendo un cuerpo que vuela sobre un arco y tiene altas ventanas, han quedado más salas. Todas ellas se iluminan cenitalmente, recurriendo, tal como sucede en Mönchengladbach, a diversas variantes de *sheds*. Son estos lucernarios de cristal los que caracterizan el volumen singular del edificio (una cierta metáfora de un trozo de pastel, enfatizada por el color de la maqueta), junto a otros recursos: la resolución escalonada del vértice, las arcadas de la entrada, otros arcos, hendiduras y ventanales que aparecen en diversos puntos del edificio como elementos irrepetibles, etc. Todo ello acaba de contribuir al alto valor figurativo de este edificio, claro manifiesto del eclecticismo actual y depurado resultado del lenguaje y criterios compositivos de Hans Hollein.

Museum of Modern Art in Frankfurt (Federal Republic of Germany)

Architect: Hans Hollein
Competition: 1983

As part of a policy to convert Frankfurt into an international cultural centre, a worldwide competition was organised for the design of this museum. Architects such as Ungers, Rem Koolhaas, Renzo Piano, Kollhoff and Ovaska, among others, submitted entries. Both the first prize, given to Hollein, and the second prizes, given to the Catalans Clotet and Tusquets, and the American SITE team, show how the jury, of different disciplines and nationalities, favoured the more figurative, ironic, sculptural and eclectic proposals.

The triangular site is located north of the cathedral. In Hollein's proposal the entrance, looking south, is off-centre and located on a pedestrian street, defined by arcades that include the ground-floor hall and café. The interior is organized as a sequence of rooms that penetrate the building as they ascend towards the apex. After the linear system of entrance areas one climbs a staircase to a high room that becomes the organizing courtyard of this part of the building. Through a complex stair system one finally arrives at the central exhibition hall (with a large glass roof). Behind the courtyard, defining a volume that juts out over an arch and has tall windows, there are more exhibition rooms. All of these have top-lighting and as in Mönchengladbach, use different kinds of sheds. These glass skylights give character to the single volume of the building (a metaphorical piece of cake, emphasized by the colour and texture of the decoration), together with other elements: the scaled approach to the apex, the entrance arcades, other arches, cleavages and large windows that appear in different parts of the building as un-repeated elements, etc. All of this helps to give a high figurative value to the building, a clear manifestation of current eclecticism and a pure result of Hans Hollein's language and composition criteria.

1. Vista de la maqueta
2. Axonométrica del edificio
3. Axonométrica de los espacios interiores
4. Planta baja
5. Vista desde el acceso peatonal al museo

1. View of the model
2. Axonometric of the building
3. Axonometric of the interior spaces
4. Ground floor plan
5. View from the pedestrian access towards the museum

5

1

Museo de Arte en Atlanta, Georgia (Estados Unidos de América)
Arquitectos: Richard Meier & Partners
Proyecto: 1980; construcción: 1983

Este edificio muestra el carácter público actual de la institución que alberga el museo. Su arquitectura se ha forjado en gran parte pensando en la afluencia del público a las galerías y demás dependencias del museo, recepción y auditorio.

Quien entra en el museo siguiendo el recorrido de la rampa, que atraviesa el portal de entrada y sigue por entre los volúmenes cúbicos del auditorio y el de la recepción en forma de piano, se siente atraído por una fuerza centrípeta que le lleva hasta el atrio o patio cubierto, espacio público por excelencia del edificio.

Los elementos y cuerpos arquitectónicos, que va encontrando el visitante en su acceso al museo, se hallan como expulsados hacia el exterior por una especie de

fuerza centrífuga que interviene en la composición del edificio abriendo el espacio entre los brazos de la L de las galerías hacia el sur. Las galerías se hallan situadas en el norte, donde el edificio presenta un aspecto ciego. Tan sólo las salas de la última planta aprovechan la luz natural cenitalmente. El corazón del edificio, el atrio, que es un gran contenedor de luz, se abre hacia la entrada, de esta manera el edificio resulta radiante durante el día por la luz que se proyecta en sus paredes –los paneles de aluminio blanco ordenados según una retícula perfecta, ya característicos de las obras de Meier– y, durante la noche, mediante la luz artificial que surge de su corazón.

Desde el primer proyecto hasta el proyecto definitivo la planta del museo varió en su disposición geométrica. A dos ejes ortogonales en los que se situaban los espacios principales del edificio, se superponían otros ejes ortogonales ligeramente girados respecto a los anteriores, que emergían hacia el exterior en escaleras y cuerpos

salientes. Un *pattern* semejante por tanto al del proyecto de Frankfurt, pero más compacto. La versión definitiva, eliminando angulaciones, ha resultado menos barroca, neocubista y más clásica.

La superficie total del museo es de 12.550 m² (135.000 pies cuadrados) y su coste fue de veinte millones de dólares en 1983.

1. Vista exterior con el recorrido de entrada, pabellón de recepción, atrio y las galerías
2. Axonométrica y situación
3. Vista exterior desde la rampa de entrada

1. Exterior view with the entry itinerary, reception pavilion, atrium and galleries.
2. Axonometric and location plan
3. Exterior view from entrance ramp

Fine Arts Museum, Atlanta, Georgia (U.S.A.)
Architect: Richard Meier & Partners
Project: 1980
Construction: 1983

This building demonstrates the public character of the institution that it houses: the museum. Its architecture has been conceived partly in terms of the influx of visitors to the galleries, and partly in relation to the rest of the museum's facilities, the reception and auditorium.

When we enter the museum, up the ramp through the entrance portal and on through the cubic volume of the auditorium and the piano shape volume of the reception area, we feel attracted by a force that carries us to the atrium or covered courtyard the main public space within the building.

The architectural elements that the visitor encounters on entering the museum are expelled to the exterior by a centrifugal force that plays an important part in the composition of the building, opening the space between the arms of the L of the galleries towards the south. The galleries are located on the north side, where the building presents a windowless facade. Only the top floor rooms use natural top lighting. The heart of the building, the atrium, which is a great container of light, opens towards the entrance, in such a way that the building is radiant during the day with the light reflected on its walls – the white aluminium panels, laid out according to a perfect grid, which is characteristic of Meier's works – and, at night, with the artificial light that radiates from its centre. Between the first project and the definitive version, the museum changed in its geometrical disposition. It had two rectangular axes where the main spaces were located and, superimposed on these, two other rectangular axes slightly slanted from the first, that emerged to the exterior with the stairs and other jutting volumes. It was a similar pattern to that of Frankfurt, only more compact. The definitive project has removed the odd angles and has become less neo-cubist and baroque, and more classical.

The total area of the museum is 12,550 square metres, at a cost of twenty million dollars in 1983.

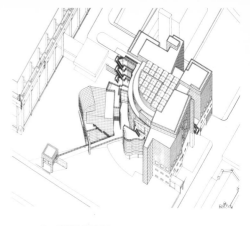

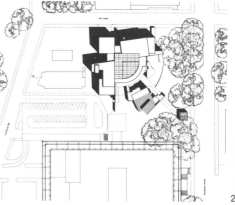

2

3

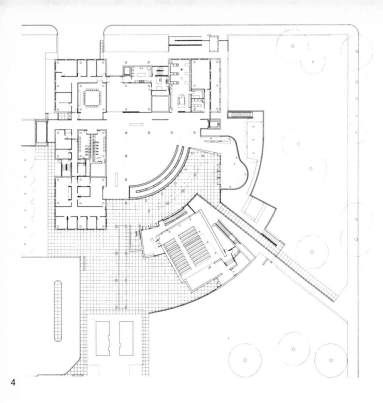

4

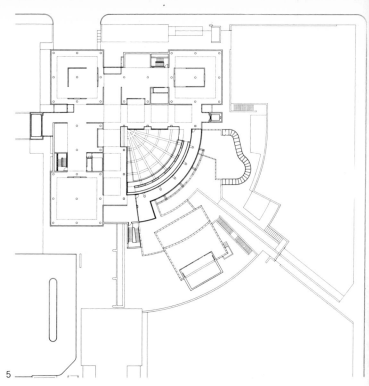

5

4. Planta principal	4. Main floor plan
5. Cuarta planta	5. Fourth floor plan
6. Perspectiva mostrando el atrio o patio de entrada	6. Perspective rendering showing the atrium or entrance courtyard
7. Alzado desde la Peachtree Street	7. Elevation from Peachtree Street
8. Sección a través de las galerías y atrio	8. Section through galleries and atrium
9. Vista exterior con el auditorio en primer plano	9. Exterior view with the auditorium in the foreground
10. Interior del atrio con la rampa de acceso a la galería	10. Interior of the atrium with the access ramp towards the galleries
11. El atrio con el lucernario que lo cubre	11. The atrium and the skylight that covers it

6

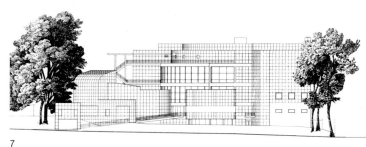

7

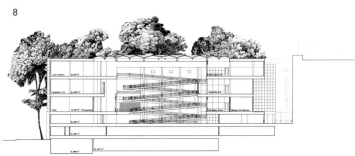

8

9

10

11

1

Museo de Artes Decorativas, Frankfurt (República Federal Alemana)
Arquitecto: Richard Meier
Proyecto y construcción: 1979-1985

El proyecto de Richard Meier fue preferido a los de Venturi y Hollein en un concurso restringido celebrado en 1979. En él se valoró, respecto a los otros proyectos, la integración de la nueva edificación tanto respecto a la villa Metzler existente, como respecto a la ciudad. Efectivamente, el nuevo edificio entiende el museo como una institución urbana, manteniendo la escala doméstica de la villa y de las edificaciones que forman la actual fachada de los museos en la ribera del Main.

A diferencia de otros proyectos de Meier, en éste es el contexto urbano, histórico y tipológico el que suministra las primeras referencias, mediatizadas por el uso de la geometría no como juego formal, sino como preciso instrumento de proyectación.

La edificación se inscribe en planta dentro de un cuadrado 4 x 4 que toma como módulo la villa preexistente cuya forma es prácticamente cúbica. Los cuadrados inmediatos a la villa se dejan libres a fin de que la nueva edificación guarde una distancia de respeto hacia la antigua villa de una digna arquitectura clásico-romántica. Asimismo los nuevos volúmenes cúbicos, situados sobre los cuadrados de los vértices, parodian en volumen y composición a la villa Metzler. Las fachadas de estos volúmenes se definen a partir del estudio de los trazados reguladores, el tamaño y situación de las ventanas, el módulo del aplacado metálico blanco, y el zócalo y la línea de cornisa de granito gris. A esta retícula se superpone otra, girada tres grados y medio respecto a la primera, que toma como directriz la alineación de la calle no coincidente con la villa existente. Los ejes de esta retícula se extienden más allá de la edificación por el parque circundante, señalando con elementos arquitectónicos las vías de penetración hacia el museo. De esta manera el edificio se integra en el parque abierto circundante, en el que se encuentran también ubicadas otras villas que serán los Museo de Antropología y de Instrumentos musicales.

La exposición de la historia de las artes decorativas se organiza dejando en la villa Metzler los períodos rococó y neoclásico y siguiendo un itinerario cronológico en las demás salas. Las penetraciones de luz, dobles espacios y circulaciones verticales con paramentos exteriores acristalados, ayudan a secuenciar el itinerario, señalando el paso de un período a otro, de una sala a la siguiente. Los objetos se exponen en peanas y vitrinas integradas en la misma arquitectura de paredes y divisiones.

El programa del edificio se completa con auditorio, biblioteca, servicios, bar y hall.

2

Museum of Arts and Crafts, Frankfurt (Federal Republic of Germany)
Architect: Richard Meier
Project and construction: 1979-1985

Richard Meier's project was preferred to those of Venturi and Hollein in a competition by invitation held in 1979. What was valued in his project, more than the others, was the integration of the building with the existing Metzler villa and with the city. Indeed, the new building recognises the museum as an urban institution and therefore maintains the domestic scale of the villa along with the rest of the buildings that form the museum quay on the Main river. Unlike other works by Meier, this one stresses the urban, historical and typological context through the use of geometry not as a formal game but as a precise design instrument.

The construction is within a square grid of 4 x 4 metres, that uses the existing villa as a module, since it has an almost cubic shape. The squares adjacent to the villa are left empty, so that the new construction stays at a respectful distance from the old villa, which has a dignified romantic-classical architecture. All the same, the new cubic volumes, placed on the apex squares, reflect the composition and volume of the Metzler villa. The facades of these volumes are defined by regulating layouts, the size and situation of the windows, the modulation of the white metal sheet facing and the socle and cornice of grey granite. Another grid is superimposed on the first, at an angle of three and a half degrees, so that it runs parallel to the street, rather than coinciding exactly with the alignment of the villa. The axes of this grid extend beyond the construction, into the surrounding park, using architectural elements to signal entrances to the museum. In this way the building is also integrated into the park — the location of other villas that will become the Museum of Anthropology and the Museum of Musical Instruments.

The exhibition of the history of arts and crafts is organized chronologically, so that the Metzler villa houses the Rococo and Neo-classical periods, and the other rooms follow on from there. The penetration of light, the double-height spaces and the vertical circulations with glass enclosures: all help emphasise the sequence from one period to another, from one room to the next. The objects are exhibited on pedestals and in showcases that are integrated within the architecture of walls and dividing panels.

The building's programme is completed with an auditorium, a library, services, bar and hall.

1. El museo con los edificios de su entorno. Maqueta
2. Vista exterior desde la entrada

1. The museum and the surrounding buildings. Model
2. Exterior view from the entrance

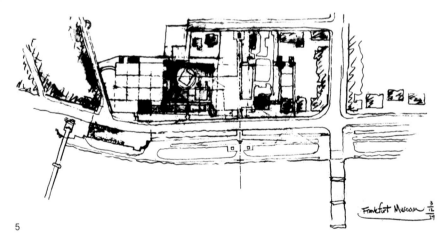

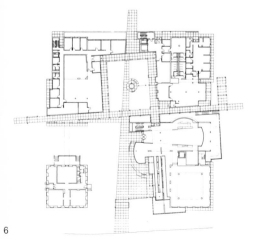

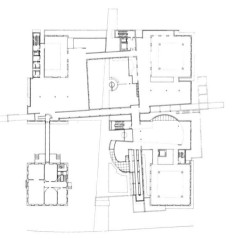

3. Vista desde el interior hacia el parque
4. Vista de la rampa
5. Croquis
6. Planta baja
7. Planta primera
8. Fachada principal con la villa Metzler
9. Fachada sur desde el parque

3. View from the interior towards the park
4. View of the ramp
5. Sketch
6. Ground floor plan
7. Second floor plan
8. Main facade with Metzler villa
9. South facade from the park

8

9

Ampliación de la Staatsgalerie en Stuttgart (República Federal Alemana)

Arquitectos: James Stirling y Michael Wilford
Concurso: 1977; inauguración: 1984

Para la realización de este edificio se convocó un concurso internacional del que este proyecto de Stirling y Wilford fue el ganador. Se trataba, según el programa, de la ampliación de la Galería Nacional de Stuttgart, del año 1837 y en forma de U, de la adición de otros edificios culturales y de servicios como bar-restaurante, auditorio, administración, teatro y escuela de música. A la complejidad del programa, Stirling respondió con la complejidad formal, la actitud del contextualismo y la voluntad de conciliar lo figurativo y lo abstracto. El edificio correspondiente a las salas adopta la misma solución tradicional en forma de U. Sobre el eje principal del conjunto se sitúa una plaza circular que a la vez que ordena y articula sirve tanto de espacio del museo como de contenedor de un itinerario peatonal que, independientemente del museo y según condicionante del programa del concurso, atraviesa el edificio salvando el desnivel existente entre las dos fachadas del mismo. Sobre este soporte axial y formal del cuerpo de las salas y la plaza se articula el resto de las edificaciones, ya

cada una autónoma. La situación urbana y el programa de cada una de estas piezas determinará la forma: así el edificio de administración, el teatro o el conservatorio adoptan, en su volumen, fachada, escala y materiales, una actitud de adecuación al programa y de respeto y cita hacia el contexto urbano diverso en el que se ubican. Por tanto, esta dependencia total respecto al lugar, esta actitud de contextualismo, es claramente definitoria del proyecto. Los volúmenes de acceso, a causa del desnivel del terreno, definen una secuencia de rampas y terrazas que, retrasando el edificio, plantean una disolución de la fachada como respuesta a la Konrad Adenauer Strasse, en realidad una autopista urbana. El exterior se nos presenta, en cierta manera, como un paisaje de volúmenes, rampas y tubos en movimiento.

En la composición general del edificio, sobre el soporte de los criterios académicos de axialidad, se desarrolla de manera superpuesta una sensibilidad y composición pintoresquista, basada en la concepción de la arquitectura como secuencia de diversos espacios que son percibidos por el visitante a través del recorrido. Esta concepción del itinerario a través de diversos espacios sensibles como lógica del museo también está presente en los dos proyectos anteriores presentados por Stirling y Wilford en

los concursos de Dusseldorf (1975) y Colonia (1975).

La obra de James Stirling ha desarrollado la pretensión de integrar tanto las líneas abstractas de la arquitectura (Movimiento Moderno, constructivismo, De Stijl, etc.) como los componentes figurativos, informales y populares de la tradición histórica. De ahí la heterogeneidad de espacios, sintaxis y materiales que se utilizan en el edificio: obra de piedra al lado de acristalamientos y retóricas de estructura metálica; ventanas neorrománicas y aleros de reminiscencias egipcias al lado de muros cortina, etc.

Esta actitud, predominantemente híbrida, también se muestra a la escala de las mismas salas de exposición: a base de una tecnología altamente sofisticada, con multitud de anclajes y diversidad de materiales se recuperan las cualidades y forma de las salas tradicionales con una iluminación cenital homogénea.

En definitiva, este museo, que intenta ser a la vez abstracto (*Abstract*) y figurativo (*Representational*), monumental (es necesario el monumento en la ciudad) e informal (la gente ha de sentirse atraída por el edificio), tradicional (por las formas, espacios y materiales) y *High Tech* (altamente tecnológico), consigue un brillante resultado, en el cual se expresa la tensión y la riqueza de una solución ordenada y simétrica y a la vez autónoma y dispersa.

1. El templete que señala el acceso al parking y a las rampas y define un punto de encuentro y parada de taxis
2. Vista de las terrazas de acceso

1. The temple indicating the access to the car park and to the ramps defines a meeting point and taxi rank.
2. View of the access terraces

Figs. pp. 108 y 109.
3, 4, 5 y 6. Diversas vistas interiores y exteriores del museo y servicios anexos

3,4,5 and 6. Several interior and exterior views of the museum and adjacent services

Staatsgalerie Extension in Stuttgart (Federal Republic of Germany)

Architects: James Stirling and Michael Wilford

Competition: 1977; Inauguration: 1984

An international competition was held for this project, and the winners were Stirling and Wilford. According to the programme, it was to be an extension to the National Gallery of Stuttgart – a U-shaped building constructed in 1837 – to include new cultural buildings and services such as a restaurant-bar, auditorium, administration area, theatre and music school. Stirling responded to the complexity of the programme with complexity of form, with a contextualist attitude and a will to reconcile the figurative with the abstract. The exhibition gallery building follows the same traditional U-shaped solution. On the main axis of the development is a circular plaza that simultaneously orders, articulates and serves as a space for the museum and acts as a pedestrian path. It is independent from the museum yet part of the programme's requirements, and crosses the building connecting the different levels of its two facades. The other constructions, each of them autonomous, are articulated around the formal axis created by the galleries and the plaza. Their function and urban placement determine their shape: thus the administration building, the theatre and the music school, with their volume, facade, scale and materials, conform to the programme while respecting the diverse urban contexts in which they are located.

This contextual attitude, then, this awareness of place, is clearly crucial to the project. The access volumes, because of the sloping site, are surrounded by a sequence of ramps and terraces setting back the building, and separating the facade from the Konrad Adenauer Strasse which is an urban freeway. The exterior is presented, in a sense, as a landscape of volumes, ramps and tubes in movement.

In the general composition of the building based on academic axial criteria, a superimposed, picturesque sensitivity is developed, around a concept of architecture as a sequence of diverse spaces that are perceived by the visitor as he walks around. This concept of the itinerary through ordered spaces as the museum's logic is also present in the two projects previously submitted by Stirling and Wilford in the Düsselforf (1975) and Cologne (1975) competitions.

The work of James Stirling has developed a tendency to integrate the abstract lines of architecture (Modernism, Constructivism, De Stijl, etc.) with the figurative, formal and popular components of the historical tradition. This explains the variety of spaces, syntax and materials used in the building: stone masonry next to glazed surfaces and rhetorical metallic structures; neo-romantic windows and eaves of Egyptian style next to curtain walls, etc.

This hybrid element – the conscious mixing of styles – is also present within the exhibition halls themselves: by means of a highly sophisticated technology, with multiple castings and a diversity of materials, the quality and form of the traditional hall is recaptured with homogeneous top lighting.

Finally, this museum, which tries to be both abstract and representational, monumental (the monument is necessary within the city) and informal (people have to feel attracted by the building), traditional (through its shape, spaces and materials) and high-tech, achieves a brilliant result that expresses the tension and richness of an orderly, symmetrical solution while also being autonomous and dispersed.

7

8

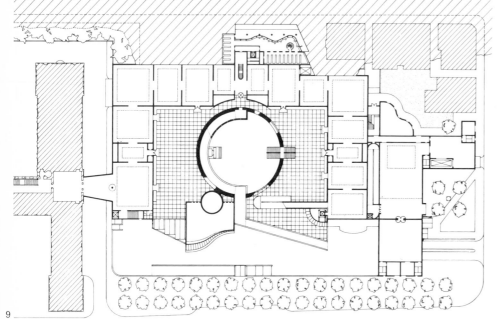

9

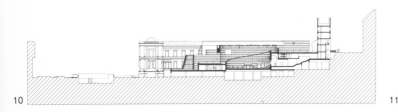

10

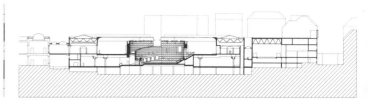

11

1

Sackler Museum, (an extension to the Fogg Museum of Art), Harvard, Cambridge, Massachusetts, (USA)
Architects: James Stirling, Michael Wilford & Associates
Project: 1979-1985
Construction: 1983-1985

The location of the Sackler Museum is adjacent to the Fogg Museum but is separated from the old building by a street. An underground connection was discarded and it was decided to build a bridge. The building was planned in such a way that it could be connected to the Fogg, but if the bridge was not built, it could also function as an autonomous building. The new building is a university museum, designed to house the History of Art department together with the Oriental and Islamic Art collections.

The building is L-shaped, with a central circulation on every floor and a staircase that divides one wing of the building into galleries and the other into spaces for offices and seminars. The language of the facades is inspired by the adjacent buildings, inasmuch as it uses similar elements such as brick, the dressed stone of the entrance or the portico-like horizontally-banded windows, but this language is reinterpreted so that the new building contrasts with the surrounding ones.

The image of the building is given – primarily on the facades – by the horizontal two colour strips, where the offices and seminars are located. This image is redefined near the Fogg so as to express itself, on the entrance facade, as a museum building. On either side of the entrance, two cylindrical columns are used to support the bridge, and simultaneously hide the vents. The entrance hall – which is very high – gives access to the temporary exhibition room, the long stair and corridors that connect the different parts of the building, as well as to the auditorium at basement level. The staircase, tall and narrow with top lighting, widens at the landings, where columns signal the access to the different levels of

---

Museo Sackler (Ampliación del Fogg Museum of Art), Harvard, Cambridge, Massachusetts (Estados Unidos de América)
Arquitectos: James Stirling, Michael Wilford and Ass.
Proyecto 1979-1985; construcción: 1983-1985

La ubicación del Sackler Museum, aunque contigua al Fogg, es en una porción de terreno separada del antiguo edificio por una calle. Tras desestimar la construcción de un paso subterráneo que uniera los dos edificios, se proyectó un puente. El edificio se planteó con la posibilidad de la unión al Fogg pero también, en caso de no construirse el puente, de funcionar como un edificio autónomo. El programa de la nueva construcción es el de un museo universitario, pensado para albergar el departamento de Historia del Arte junto a la exposición de las colecciones de Arte Oriental e Islámico.

La edificación adquiere una forma de L, con una circulación central en todos los pisos y una escalera que divide una ala del edificio entre galerías y otros espacios para oficinas y seminarios.

El lenguaje de las fachadas se inspira en los edificios próximos en cuanto a algunos de los elementos que utiliza, tales como el ladrillo, el almohadillado de las jambas de la entrada o las franjas corridas de las ventanas, pero reinterpretándolas de manera que contrasta con ellos.

La imagen del edificio viene dada, mayori-
tariamente en las fachadas, por las franjas horizontales bicromáticas, donde se sitúan oficinas y seminarios. Esta imagen se interrumpe junto al Fogg para expresarse, en la fachada de entrada, como edificio de museo. Flanqueando la entrada, dos columnas cilíndricas están dispuestas para sustentar el puente a la vez que alojan elementos de ventilación. El hall de entrada a gran altura da acceso a la sala de exposiciones temporales, a la larga escalera y pasadizos que distribuyen el edificio, así como al auditorio de la planta sótano.

El espacio de la escalera, alto y estrecho, iluminado cenitalmente, se amplía en los rellanos donde unas columnas señalan el acceso a los distintos niveles de galerías y de oficinas. En las paredes de esta escalera se reproduce el tema de las franjas bicolor con ventanas. Las salas de exposiciones que tienen una altura superior a la de los niveles de oficinas, están concebidas como una secuencia de salas convencionales con un tratamiento lo máximo de neutral pero sin renunciar a las ornamentaciones en los pasos de una sala a otra y en el techo. Las de la planta superior, donde se exponen esculturas y otras piezas no deteriorables con la luz natural, disponen de lucernarios corridos.

El puente entre los dos edificios es una estructura monumental no concebida como mero corredor sino que en su interior se alojan dos salas de exposiciones y en su parte central un mirador con dos grandes ventanas circulares situadas en la dirección de la calle.

1. Galería con iluminación cenital
2. Entrada

1. Gallery with skylight
2. Entrance

3

4

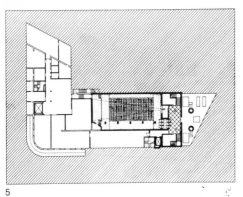

5

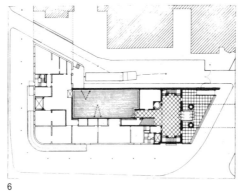

6

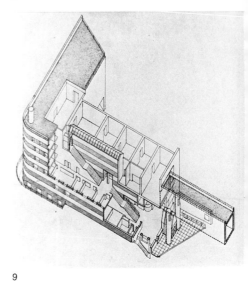

9

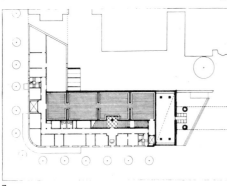

7

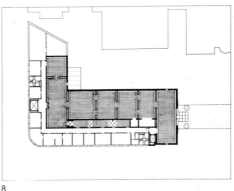

8

galleries and offices. On the walls of this staircase the theme of the two-colour strips with windows is reproduced. The exhibition rooms, that are taller than the office levels, are a sequence of conventional rooms treated with maximum neutrality, without foregoing ornament on the corridors joining one room to the other or on the ceiling. The top floor galleries, where sculptures and other pieces that are unharmed by natural light are exhibited, have continuous skylights.

The bridge that connects the two buildings is a monumental structure which is not conceived as a mere corridor but, inside, houses two exhibition galleries and a central bay with two large circular windows that face the street.

3.   Vista exterior
4.   Hall
5.   Planta sótano
6.   Planta baja
7.   Planta intermedia
8.   Planta superior
9.   Axonométrica con sección por la escalera
10. Escalera

3.   Exterior view
4.   Hall
5.   Basement floor plan
6.   Ground floor plan
7.   Mezzanine level floor plan
8.   Upper level floor plan
9.   Axonometric with section through the stairs
10. Staircase

Ampliación de la Tate Gallery (Museo Turner), en Londres (Gran Bretaña)

Arquitectos: James Stirling, Michael Wilford and Ass.
Proyecto: 1980; construcción terminada: 1985

Tate Gallery Extension (Clore Gallery), London (England)

Architects: James Stirling, Michael Wilford and Associates
Project: 1980
Construction: Completed 1986

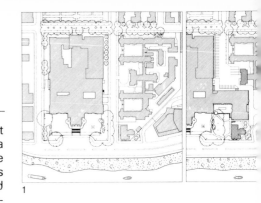

La ampliación de la Tate Gallery se produce sobre los terrenos del antiguo Queen Alexandra Hospital, del que se aprovechan algunos pabellones. El nuevo edificio en forma de L, concebido para albergar la obra de Turner, se supedita al actual edificio de la Tate.

La entrada a la nueva ala no se efectúa frontalmente como en el edificio principal, sino lateralmente, cruzando el jardín. En la planta baja se sitúa un auditorio, almacenes y otras dependencias anexas al museo. En la planta superior existen las salas de exposición, a las que se accede desde el vestíbulo a doble altura. Este acceso tiene un carácter más bien palaciego y doméstico.

La composición en planta de las diversas salas y la forma interior de cada una de ellas responde a la idea de sala de los edificios de museos proyectados según el método Beaux-Arts. El énfasis del diseño se pone en los elementos ornamentales y en la resolución de los techos y de las secciones para permitir la entrada de la luz cenital según sistemas asimismo tradicionales. Sin embargo, ello no es incompatible con la utilización de una moderna tecnología de acondicionamiento ambiental. También en el edificio conviven lenguajes arquitectónicos bien distintos: lenguajes modernos en las fachadas traseras, y *Free-style Classicism* en unas fachadas delanteras que buscan cierto mimetismo cromático con las preexistentes del edificio actual.

The extension of the Tate Gallery is built on the site of the old Queen Alexandra Hospital, some of whose pavilions will be converted. The new L-shaped building is designed to house the work of Turner, and it is deliberately subordinated to the existing Tate building.

The entrance to the new wing is not frontal, as in the main building, but from the side, across the garden. On the ground floor there is an auditorium, shop and other museum facilities. On the upper floor, where the exhibition galleries are placed, the access is through the double-height hall. This access has a rather domestic, palatial character.

The plan of the various rooms and the interior shape of each of them correspond with the idea of rooms in a Beaux Arts museum. The emphasis of the design is placed on the ornamental elements and the organisation of the roofs and sections to allow the entrance of natural light through the roof, which also uses traditional systems. This is nevertheless compatible with the use of the modern technologies of environment control. Within the building different architectural languages are used: modern language on the back facades, and Free-style Classicism on the front facades which aim at a certain chromatic mimetism with the existing building's facades.

1. El edificio de la Tate y el Hospital contiguo antes de la ampliación y con la nueva propuesta de ampliación y conservación de algunos edificios
2. Planta inferior
3. Planta superior
4. Maqueta. Patio de entrada
5. Fachada y sección por el vestíbulo de entrada
6. Sección por las galerías y el auditorio y fachada con la entrada principal al nuevo edificio
7. Sección de las salas de exposición
8. Sección del vestíbulo de entrada

1. The Tate Gallery and the adjacent hospital before the extension with the new proposal for the extension keeping some pavilions
2. Lower floor plan
3. Upper floor plan
4. Model. Entrance courtyard
5. Facade and section through the entrance hall
6. Section through the galleries and auditorium and facade with the main entrance to the new building
7. Section of the exhibition galleries
8. Section of the entrance hall

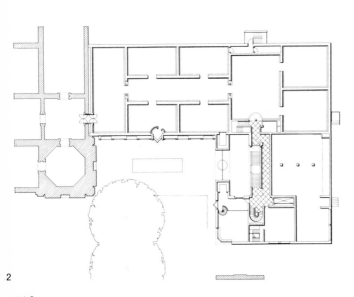

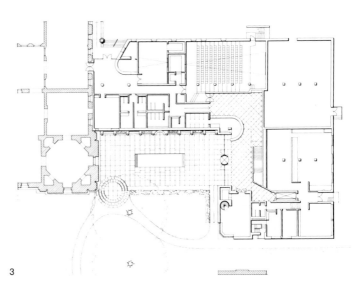

4

5

6

7

8

Museo del Aire y del Espacio, Los Angeles, California (Estados Unidos de América)
Arquitectos: Frank O. Gehry and Associates
Proyecto: 1982-1984; construcción: 1984

Con motivo de los Juegos Olímpicos de 1984 en Los Angeles, se construyó el Museo del Aire y del Espacio como un espacio agregado al edificio del Arsenal, construido en 1913, destinado a ser el futuro espacio de exposición. El nuevo edificio, realizado en un reducido espacio de 60 por 20 metros, está concebido como fachada-reclamo de todo el museo.

Entre el nuevo edificio y el preexistente existe una separación en la que se produce el acceso entre los dos edificios y su conexión. El acceso se realiza por un nivel intermedio después de subir una amplia rampa. En el interior del edificio el volumen intermedio alberga, como si de una estructura independiente se tratara, una torre de circulaciones que a distintos niveles va ofreciendo plataformas y balcones, que permiten contemplar los artefactos flotando en el espacio interior mediante cables que los cuelgan del techo. Otra circulación cruza horizontalmente de un extremo a otro los tres volúmenes, enlazándose en el centro con la circulación vertical, posibilitando también la visualización de la exposición, a la vez que podría permitir atravesar todo el espacio, accediendo y desembocando directamente al exterior del edificio mediante dos escaleras que, situadas en los extremos, penetran en los dos volúmenes principales. Una serie de pantallas didácticas, que se han situado en la planta baja del edificio y otra pantalla gigante situada a media altura ofrecen un *show* de diapositivas. El resto del espacio queda ocupado por aviones y naves espaciales con el fondo neutro que ofrecen las paredes blancas y la iluminación cenital ampliamente utilizada. A pesar de la descomposición volumétrica exterior, el espacio interior aparece como un espacio unificado que contiene los distintos aparatos y la estructura de circulaciones que, pintada de amarillo, se hace distinguir del resto de la edificación. La fantasía y la casualidad, de las que Frank O. Gehry hace uso en la proyectación, hacen posible múltiples y sugerentes lecturas del edificio, que ya de entrada con su agresividad exterior se declara como algo interesante. Las alusiones al volar y al espacio son constantes: la puerta de hangar, las escaleras de entrada como las escaleras de acceso a un avión, la misma situación de la puerta principal, las formas geométricas de los cuerpos del edificio, la esfera sobre la entrada, etc., estableciéndose así una relación distinta, en clave metafórica, entre objeto museable y arquitectura del museo.

La obra costó cuatro millones de dólares.

1. Plano de situación
2. Planta baja
3. Entresuelo
4. Primer piso
5. Vista de la rampa de acceso al volumen de entrada

1. Location plan
2. Ground Floor plan
3. Mezzanine level floor plan
4. Second floor plan
5. View of the access ramp to the entrance volume

Air and Space Museum, Los Angeles, California (U.S.A)
Architects: Frank O. Gehry and Associates
Project: 1982-1984
Construction 1984

To coincide with the 1984 Olympic Games in Los Angeles, the Air and Space Museum was a new exhibition space constructed out of the converted Arsenal, built in 1913, and an extension. The new building, built on a reduced area of 60x20 metres, is a frontspiece for the whole museum.

Between the new building and the existing one, there is a gap through which the access and connection of the two is produced. It is accessed at an intermediate level reached after ascending a wide ramp. In the interior of the building, the intermediate volume houses, as an independent structure, a circulation tower that has platforms and balconies at different levels, which give a view of the artifacts floating on the interior air suspended with cables from the roof. Another circulation crosses horizontally from one end to the other of the three volumes, connecting in the centre with the vertical circulation, also allowing a view of the exhibition, and at the same time permitting the penetration of the whole length of the space, entering and leaving the building through two staircases placed on either end of the walkway. A series of screens that have been placed in the ground floor, as well as a giant screen located at an intermediate height, allow for slide shows. The rest of the space is occupied by planes and space ships with a neutral background of white walls, and natural light from numerous skylights. In spite of the columetric disorder of the exterior, the interior appears to be a unified space that contains the different devices and circulation systems that, painted yellow, stand out from the rest of the construction.

Fantasy and coincidence, which Frank O. Gehry uses in designing, make possible multiple and suggestive readings of the building, which is interesting from its aggressive exterior aspect. The allusions to flying and space are constant: a hangar door, the entrance stairs like those leading up into a plane, the sphere over the entrance, etc., thus establishing a different relationship, of a metaphoric nature, between museum object and architecture.

The Air and Space Museum cost four million dollars.

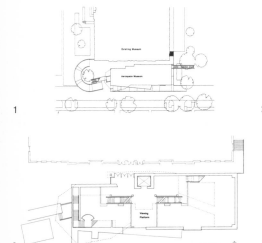

1

3

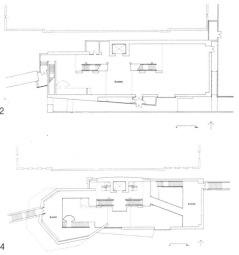

2

4

6

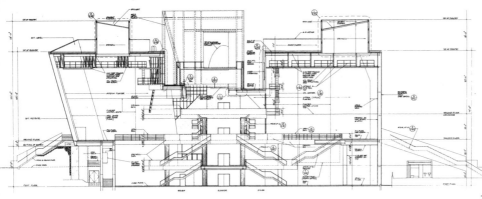

7

6. Vista de la fachada de la calle
7. Sección
8. Vista del interior

6. View of the façade from the street
7. Section
8. View of the interior

Museo Nacional de Ciencias, Técnicas e Industrias en París (Francia)
Arquitecto: Adrien Fainsilber
Colaborador: Sylvain Mersier
Proyecto: 1980; construcción: 1983-1986

1

Este proyecto fue el ganador del concurso convocado en 1980. El Museo Nacional de Ciencias, Técnicas e Industrias se sitúa en el Parque de La Villette de París, dentro de lo que será un inmenso conjunto cultural con un peso crucial en el París del futuro. Sobre el nuevo trazado del parque (que en concurso internacional ganó el arquitecto Bernard Tschumi) se ubicarán, además del museo, la llamada Geode (una sala cinematográfica, también proyectada por Fainsilber, que se inauguró en 1985); el Grande Halle del siglo XIX, que se conserva del antiguo matadero de La Villette y que, rehabilitado, se inauguró también en 1985; el proyecto de la Cité de la Musique; y Le Zenith, para realizar espectáculos de rock y variedades, ya en funcionamiento.
Este nuevo museo se sitúa en un edificio que tenía que ser un nuevo matadero ultramoderno, a base de estructura de hormigón armado. Una de las bases esenciales del concurso consistía en plantear una solución que aprovechase las estructuras ya existentes de este matadero no acabado. Y precisamente el proyecto de Fainsilber está pensado para enfatizarlas.

El programa global propuesto a los arquitectos concursantes fue el de "realizar el más grande museo científico del mundo, de un tipo nuevo, implantado en medio de un parque urbano sobre un sitio único de la capital, rehabilitando una inmensa estructura inacabada". Se ha planteado, por tanto, como una operación de máximo prestigio y alarde tecnológico-económico, a la manera de Torre Eiffel o Centro Pompidou, insistiendo en el "más difícil todavía".
El museo se sitúa en un lugar privilegiado, allí donde se entrecruzan tres canales que estuvieron destinados, hasta el segundo

imperio, a abastecer de agua a una gran parte de la capital. Así, tanto el museo como la Geode se sitúan rodeados de agua, multiplicándose sus dimensiones, ya de por sí gigantes. El carácter más épico y público del edificio, además del énfasis puesto en las estructuras preexistentes, se consigue en la bella fachada bioclimática –transparente y vegetalizada–, en forma de invernadero. Esta fachada bioclimática es una realización de alta tecnología, poniendo en obra una estructura en tubos de acero inoxidable centrifugado, ensamblada por piezas modeladas. La cristalera está compues-

2

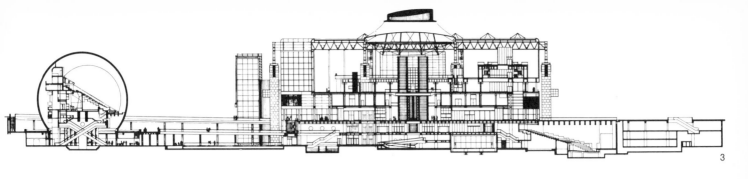

3

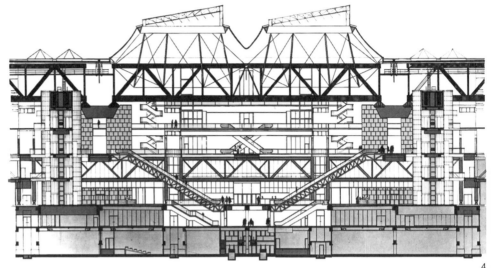

4

ta por paneles de vidrio templado de 2 m x 2 m, suspendidos, encadenados y rigidizados por un sistema de cables pretensados, creando una superficie exterior lisa y continua.

La idea general del edificio es la de crear un gigantesco contenedor para una gran diversidad de actividades culturales y científicas. El museo (250 m de largo por 120 de ancho y un total de 155.000 m² o sea, cuatro veces la superficie del Centro Pompidou) se desarrolla sobre 7 niveles. Se ha creado un gran hall central con la finalidad de permitir a los visitantes percibir el espacio del museo y orientarse fácilmente hacia las diferentes actividades del centro.

El Museo de la Ciencia, Técnica e Industrias se plantea desde las concepciones más innovadoras y modernas; un museo como lugar que estimule la creatividad y que fomente la vocación industrial, científica y tecnológica. No se trata de acoger obras y colecciones acabadas, como en un museo clásico, sino de inventar todas las exposiciones.

La luz natural del gran hall se consigue mediante dos grandes cúpulas rotatorias de 17 metros de diámetro. Toda la organización del edificio está pensada para seguir a rajatabla una rigurosa y moderna normativa de incendios.

Por último, el cine esférico, situado al lado del edificio, en el eje del hall, tiene 36 metros de diámetro, estando recubierta de acero pulido. Está sostenido por un solo puntal, que aguanta más de 5.000 toneladas. Por su forma simbólica, una de las formas sagradas de la arquitectura, su posición en el lugar y la imagen que refleja de su alrededor, esta esfera constituye un hito, una señal singular, que enfatiza el carácter público y monumental del conjunto.

De este museo, situado tecnológicamente a la vanguardia y que pretende demostrar su lógica constructiva en todos los elementos, Fainsilber ha controlado sólo el gran contenedor. Gran parte de los aspectos técnicos y todas las cuestiones a otras escalas menores han estado resueltas por otros equipos. Así, una parte importante del

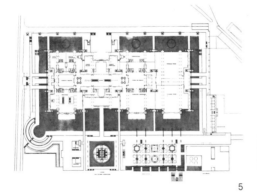

5

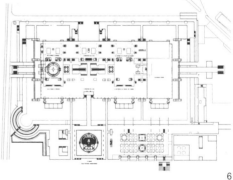

6

1. Vista del conjunto en 1970, con el nuevo matadero en construcción
2. Vista de la maqueta del proyecto
3. Sección transversal de todo el conjunto
4. Sección por la zona de recepción, con los dos lucernarios gigantes y giratorios
5. Planta general del nivel de recepción y de acceso
6. Planta general del nivel de las exposiciones permanentes

1. View of the ensemble in 1970, with the new slaughterhouse under construction
2. View of the project's model
3. Cross section of the whole
4. Section through the reception area, with the two large rotating domes
5. General floor plan of the reception and access level
6. General floor plan of the permanent exhibitions

proyecto lo constituye el tema de las señalizaciones interiores según una imagen tecnológica y la preparación de todos los sistemas internos pensando en exposiciones prefabricadas. Es necesario resolver la escala intermedia entre la gran carcasa libre y cada exposición concreta. Todo este sistema de estructuras internas, ligeras y prefabricadas, ha sido diseñado por los arquitectos Brullmann y Bougeras Lavergnolle.

123

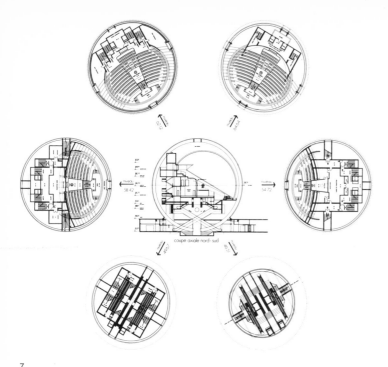

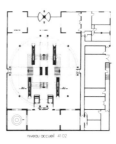

7

8

National Science, Technology and Industry Museum in Paris (France)
Architect: Adrien Fainsilber
Collaborator: Sylvain Mersier
Project: 1980 Construction: 1983-1986

This project was the winning entry in a competition held in 1980. The National Science, Technology and Industry Museum is located in the Park of La Villette in Paris, within which will be housed an enormous cultural ensemble that will play a crucial part in the future of Paris. Over the new layout of the park (an international competition won by the architect Bernard Tschumi) there will be located next to the museum, what is called the 'Geode' (a cinema inaugurated in 1985, designed by Fainsilber); the nineteenth-century Grand Hall, which is part of the old slaughterhouse of La Villette and was also inaugurated after refurbishing in 1985; the project of the Cité de la Musique; and Le Zenith, already in use as a venue for rock and variety concerts.

The new museum is housed in a building that was originally designed to be an ultramodern slaughterhouse – with a reinforced concrete structure. One of the competition's directives was that proposals should maintain the existing structures of this unfinished slaughterhouse. And Fainsilber's project does exactly that. The architects involved in the competition were asked to 'design the largest

science museum in the world, of a new type, set within an urban park in a unique part of the city, refurbishing an immense unfinished structure'. It is, then, a proposal for a highly complex and prestigious development, of great technological and economic display of a comparable scale to the Eiffel Tower or Pompidou Centre.

The museum is located on a privileged site, at the crossing of three canals that were used, till the Second Empire, to bring give water to a large part of the capital. Thus, both the museum and the Geode are surrounded by water that enhances their size, already gigantic. The most epic and public character of the building, besides the emphasis placed on the pre-existing structures, is achieved on the beautiful bioclimatic facade: transparent covered with plants and shaped like a greenhouse. A high-tech achievement, its structure is of stainless steel centrifuged tubes and moulded joints. The glass surface is made of crystal glass panels 2 x 2 metres in size, chained and stiffened by a series of pre-stretched cables, creating a smooth and continuous outer surface.

The general idea behind the building is to create an enormous container for a diversity of cultural and scientific activities. The museum, 250 metres long and 120 metres wide, with a total area of 155,000 square metres – four times the area of the Pompidou Centre, is on seven levels. A large central hall has been provided that allows the visitors to grasp the layout of

the museum and easily find their way easily towards the different activities within the centre.

The Museum of Science, Technology and Industry has the most modern and innovative outlook: it is a place to stimulate creativity and to encourage an industrial, scientific or technological vocation. It is not a building to house complete collections and finished works, as in a traditional museum but rather a place where exhibitions are invented.

Natural light in the large hall is achieved through two large rotating domes which are 17 metres in diameter. The building is organised so as to conform to fire regulations.

Finally, the spheric cinema, adjacent to the building and on the axis of the hall, has a diameter of 36 metres and is covered with polished steel. The roof is supported by one single prop that sustains over 5,000 metric tonnes. Because of its symbolic shape and the image that it reflects around it, this sphere becomes a landmark, emphasizing the public and monumental character of the whole.

In this museum, which is part of the technological avant-garde and displays the logic of its construction in all its elements, only the container was controlled by Fainsilber. Many of the technological aspects and all minor details were the work of other teams. For example, an important part of the project is the whole interior sign system in line with its technological

9

10

11

image and the preparation of all the systems for pre-fabricated exhibitions. An intermediary scale is necessary between the vast shell and each exhibition. The whole system of light, prefabricated interior structures has been designed by the architects Brullmann and Bougeras Lavergnolle.

7. Plantas y sección de la Sala Cinematográfica hemisférica
8. Foto desde el interior de la maqueta, mostrando la zona de recepción y las dos cúpulas giratorias
9. Vista de la maqueta de proyecto
10. Vista de la zona de recepción en construcción
11. Vista general del estado de las obras durante el mes de abril de 1985

7. Plans and section of the hemispheric cinema
8. Photograph from the interior of the model, showing the reception area and the two rotating domes
9. View of the project's model
10. View of reception area under construction
11. General view of the construction in April 1985

Museo de Prehistoria e Historia Antigua en Frankfurt
(República Federal Alemana)
Arquitecto: Josef Paul Kleihues
Proyecto: 1980

Con esta propuesta, Josef Paul Kleihues ganó el concurso que a tal efecto convocó en 1980 el Ayuntamiento de Frankfurt. Se trataba de ampliar y reestructurar el Convento de las Carmelitas –un conjunto tardogótico del siglo XV organizado en torno a un claustro– para convertirlo en un Museo de Prehistoria e Historia Antigua (desde la Edad de Piedra hasta el siglo VIII después de Jesucristo). Las dos exigencias más destacables de las reglas del concurso consistían, por un lado, en dejar el monasterio como elemento arquitectónico dominante y, por el otro, en proyectar una parte nueva que no estuviera histórica y estilísticamente subordinada, sino que fuese arquitectura contemporánea autónoma.

El proyecto de Kleihues es el que más sabiamente cumple con estos requisitos, planteando un nuevo edificio que a la manera de muro o caparazón lineal da estabilidad al conjunto y acaba de cerrarlo definiendo nuevos patios. El nuevo edificio se concibe como la sistematización de los "espacios secundarios" añadidos a la iglesia, que constituye el verdadero y propio museo. Adaptación y autoafirmación se concilian en esta solución que el perfeccionado lenguaje arquitectónico de Kleihues plantea. Así se consigue un conjunto equilibrado y tranquilo, discreto y moderado, que, sin embargo, es inconfundible y singular. Con su opción metodológica y sintáctica, Kleihues consigue una rica síntesis entre la aportación de racionalidad, claridad y armonía de la arquitectura del movimiento moderno y las más sugerentes innovaciones de la arquitectura de las últimas décadas.

El edificio anexo está constituido esencialmente por las piezas de acceso al museo, los espacios de conexión con la iglesia y toda una serie de dependencias, tanto las de uso interno de los técnicos del museo, como las dedicadas al público. Así tenemos las dos entradas (una de ellas protegida bajo la biblioteca y la otra definida como hendidura en la larga fachada a la Alte Mainzer Gasse), el guardarropía, las oficinas, los laboratorios de restauración (en el primer sótano), los depósitos (en el segundo sótano), la biblioteca (de forma alargada, en el cuerpo singular que se abre en el extremo) y la sala de conferencias (en un cuerpo aislado y de cubierta curva).

Prehistory and Ancient History Museum in Frankfurt (Federal Republic of Germany)
Architect: Josef Paul Kleihues
Project: 1980

With this proposal, Josef Paul Kleihues won the competition called by the Municipality of Frankfurt in 1980. The operation consisted in the extension of the Carmelite convent – a late-gothic fifteenth-century group of buildings, organized around a cloister – to convert it into a Prehistory and Ancient History Museum (from the Stone Age to eighth century A.D.). The two crucial mandatory rules of the competition were, on the one hand, the importance of making the monastery the dominant architectural element, and on the other, designing the new structure as an independent piece of contemporary architecture, without subordinating it to style or history.

Kleihues' proposal effectively meets these requirements, by proposing a new building that acts as a wall or linear shell, giving the complex stability and enclosing it while giving shape to new courtyards. The new building is conceived as a systematization of the 'secondary spaces', essential in a museum complex, which are to be added to the church. Adaptation and self-assertion are united in this approach by the perfect architectural language of Kleihues. Thus he achieves a balanced and peaceful ensemble which is simultaneously moderate

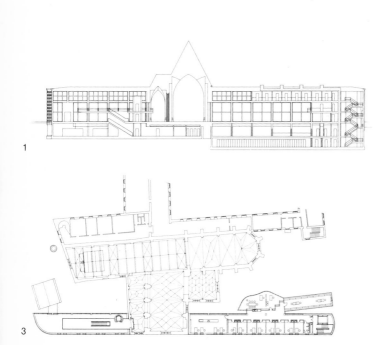

1

2

3

4

5

and startlingly individual. With his methodological and syntactic approach, Kleihues achieves a rich mix of rationality, clarity and harmony characteristic of the Modern Movement and the most stimulating architectural innovations of the last decades.

The adjacent building consists essentially of the access area to the museum, the connection to the church and a whole series of facilities for the use of museum employees and the public. There are two entrances (one protected under the library and the other defined as a cleavage on the long facade that faces Alte Mainzer Gasse), a cloakroom, offices, restoration labs (in the first basement), the depositories (in the second basement), the library (a long room, within the new volume that opens up at the end) and the conference room (in an independent block with a curved roof).

1. Sección longitudinal del nuevo edificio
2. Planta baja, con los dos accesos
3. Planta primer piso, con la biblioteca, las oficinas y el crucero dividiendo los dos cuerpos del nuevo edificio
4. Planta del primer sótano, con los laboratorios para restauración
5. Vista de la maqueta del proyecto

1. Longitudinal section of the new building
2. Ground floor plan, with the two entrances
3. Second floor plan, with the library, offices and the crossing that divides the two wings of the new building
4. First basement floor plan, with the restoration labs
5. View of the project's model

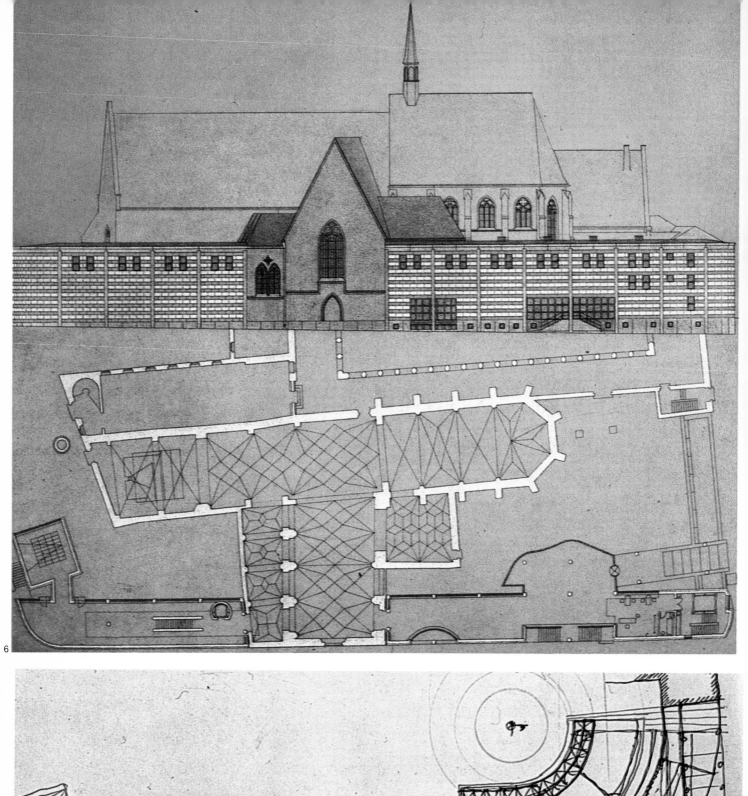

6

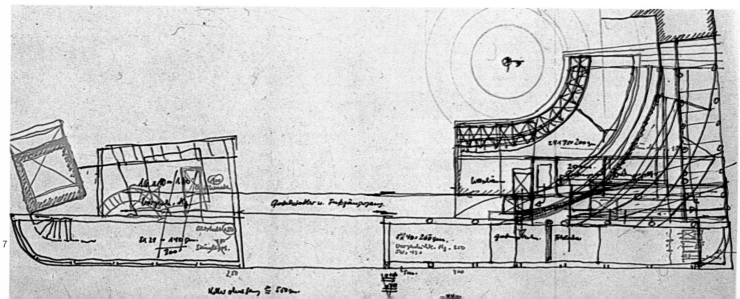

7

8

6. Dibujo en el que se representa la planta baja y la fachada principal
7. Croquis preliminar para la sistematización de los depósitos y espacios de trabajo en el primer sótano
8. Vista perspectiva de la iglesia y el edificio anexo, contemplados desde la parte inferior
9. Alzado sur
10. Maqueta en madera y hierro de la cubierta reconstruida de la iglesia

6. Drawing showing the ground floor and the main facade
7. Preliminary sketch in the system of depositories and working areas of the first basement floor
8. Perspective rendering of the church and adjacent building, seen from below
9. South elevation
10. Wood and steel model of the church's re-built roof

9

10

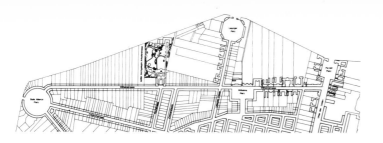

1

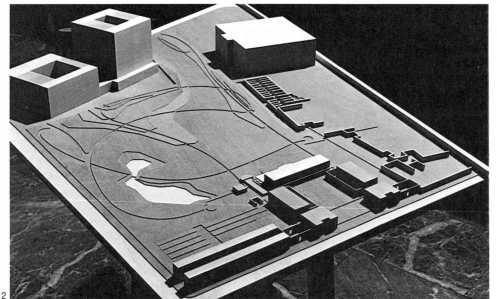

2

Este proyecto de Giorgio Grassi ganó el segundo premio del concurso internacional que planteaba la reconstrucción del complejo edificatorio del Prinz Albrecht Palais en Berlín, y que comprendía tambíen el jardín junto a la iglesia, diseñado por Lenné, y la recomposición de las "ruinas" del perímetro interno de la manzana, que definen el Martin Gropius-Bau y el Prinz Albrecht Palais. Se trataba, a partir del reconocimiento del papel determinante que el palacio había tenido en esta parte de la ciudad antigua, de plantear un museo histórico alemán. Por esto el proyecto de Grassi asume como objetivo prioritario la reconstrucción del palacio. Las ruinas consolidadas del antiguo palacio servirán de basamento al nuevo museo. Los muros de lo nuevo se colocan sobre los cimientos de lo viejo.
El programa del proyecto está dividido en dos partes.

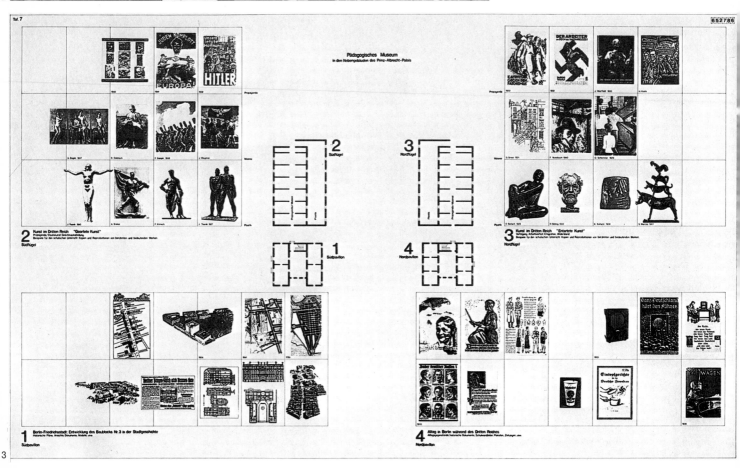

3

Una primera contempla la institución de un museo histórico destinado a los niños, comprendiendo una sección de historia urbana, dos secciones sobre el arte figurativo y una sobre la vida cotidiana en el periodo del Tercer Reich. Cada una de estas cuatro secciones se sitúa en un edificio independiente (las dos alas laterales y los dos pabellones). Y estas dos secciones sobre el arte figurativo (a base de reproducciones de obras artísticas de la época) se organizan contrapuestamente: por una parte una visión del mundo falsificada, unívoca, belicista y monolítica ("Geartete Kunst", es decir, arte oficial o estatal); por otra parte una concepción de la vida próxima y adherente a la realidad, pacifista y pluralista ("Entartete Kunst", es decir, arte de resistencia o de denuncia).

En el cuerpo central del museo se sitúa un centro de documentación y biblioteca sobre la literatura juvenil del mismo periodo. La institución, entendida como una sección especializada del futuro museo de historia alemana, tendrá un lugar en el Prinz Albrecht Palais. En el edificio que se sitúa lateralmente, frente a la Wilhelmstrasse, se han colocado algunos servicios de uso público, como librería, talleres, hospedería, etc.

La segunda parte del programa prevé la institución de una *Gedenskstätte* sobre los lugares que fueron el principal teatro y son aún hoy el símbolo de la dictadura nacionalsocialista en Berlín. Se trata de un muro de obra –alto, continuo y sinuoso– que recorre el perímetro interno del solar que une el Martin Gropius-Bau al Palacio. Columnas, molduras, fragmentos decorativos, todo ello puesto a la luz y alineados a lo largo del lado opuesto al muro del recorrido –en especial la pared ciega del ala norte del museo– recuerdan los edificios destruidos y apresuradamente demolidos. El monumento es también el signo de la superación de una fase negativa de la historia. Pero la celebración de lo negativo no se puede realizar con arquitectura, ya que ésta no es capaz de ello, sino con escenografía, que es por ella misma falsa.

De todas maneras, la parte determinante del programa la constituye el museo didáctico, que encuentra su sitio en los cuatro cuerpos de edificio distintos. Su característica es la de transmitir la historia mediante un itinerario constituido esencialmente por imágenes. Su misión es la de participar en la formación de una conciencia civil. Se trata del proyecto de un museo didáctico y centro de documentación que adopte una forma en baja altura, para ayudar a configurar la idea de un gran parque, de una gran área verde pública. Así el edificio se convierte en una parte del parque.

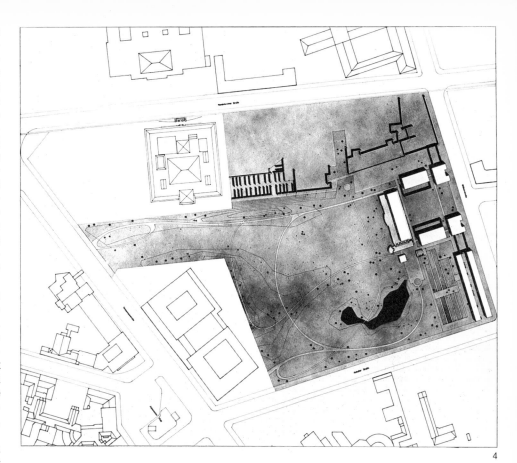

4

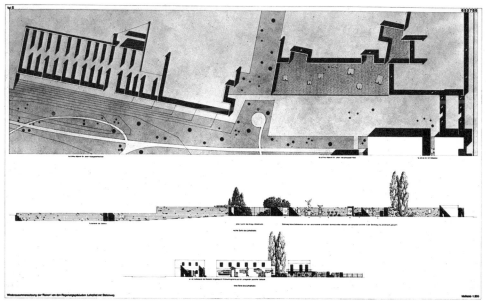

5

1. Plano de la zona alrededor de la Wilhelmstrasse en Berlín, extraído del plano de la ciudad de 1748
2. Vista de la maqueta
3. Esquema de la organización didáctica del museo, según las cuatro áreas situadas en cada uno de los cuatro cuerpos del edificio
4. Planimetría general
5. Planta y alzados de la zona de las ruinas

1. Plan of the area around Wilhelmstrasse in Berlin, from a map of the city in 1748
2. View of the model
3. Scheme of the didactic organization of the museum, with the four areas placed in each of the museum's four buildings
4. General plan
5. Plan and elevations of the area of the ruins

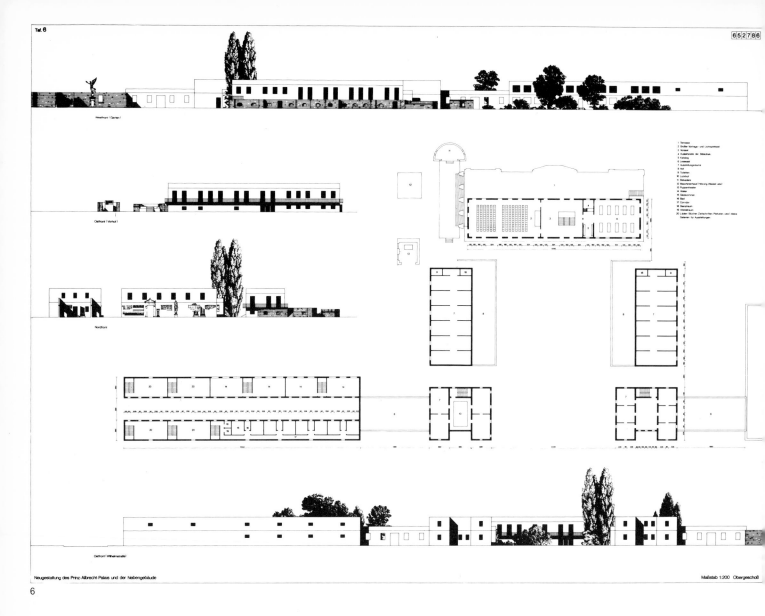

Neugestaltung des Prinz-Albrecht-Palais und der Nebengebäude   Maßstab 1:200 Obergeschoß

6

Museum in the Prinz Albrecht Palais Berlin (Federal Republic of Germany)
Architect: Giorgio Grassi
Collaborators: A. Renna, N. Battista,
F. Collotti and G. Zanella
Project: 1984

This project by Giorgio Grassi was the winning entry in the international competition for the reconstruction of the complex of the Prinz Albrecht Palais in Berlin. This complex also included the garden beside the church, designed by Lenné, and the re-composition of the 'ruins' of the inner perimeter of the block, formed by the Martin Gropius-Bau and the Prinz Albrecht Palais. It was intended to create a German History Museum in view of the important role played by the palace in this part of the historic city. This is why the major aim of Grassi's project is the re-building of the palace. The consolidated ruins of the old palace serve as a base for the new museum; the walls of the new buiding stand on the old foundations.

The project's programme is divided into two parts. The first includes the creation of a history museum for children, a section on urban history, two sections on figurative art, and one on daily life, all under the Third Reich. Each of these four sections is placed in an independent building (two side wings and two pavilions). The two sections on figurative art (based on reproductions of art works of the period) are organized in contraposition: one shows a false, monolithic and warring vision of the world ('Geartete Kunst', that is, official or state art) and the other a conception of life close to reality, pacifist and pluralist ('Entartete Kunst',

that is, art of resistance and protestation). In the central volume is a documentation centre and library on children's literature of the same period. The institution, which is seen as part of a future German History Museum, will be housed in the Prinz Albrecht Palais. The building on the side, in front of Wilhelmstrasse, houses public services such as a library, workshops, hostel, etc.

The second part of the programme includes the creation of a *Gedenskstätte* about the places that are symbols of the National Socialist dictatorship in Berlin. It is a large brick wall — tall, continuous and curving — that traverses the interior perimeter of the site which connects the Martin Gropius-Bau and the Palace. Columns, mouldings, decorative fragments, are placed against the light and aligned with the opposite side of the wall — espe-

cially on the blind wall in the north wing of the museum – recalling the destroyed and hurriedly demolished buildings. The monument is also a symbol of the recuperation of a negative part of history. But the celebration of the negative cannot be achieved with architecture, since it is incapable of this, but with scenery, which is false in itself.

The determinant part of the programme is the didactic museum that spreads through the four different buildings. It conveys history through an itinerary that is essentially made up of images. Its intention is to participate in the formation of a civic conscience. It is a didactic museum and documentation centre that is low in height, to help emphasise the park, a large public green area. In this way the building becomes part of the park.

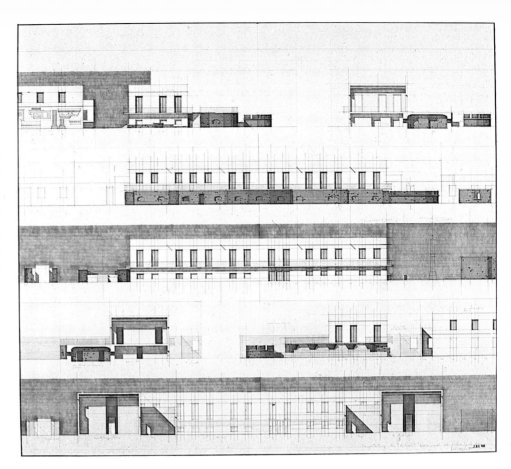

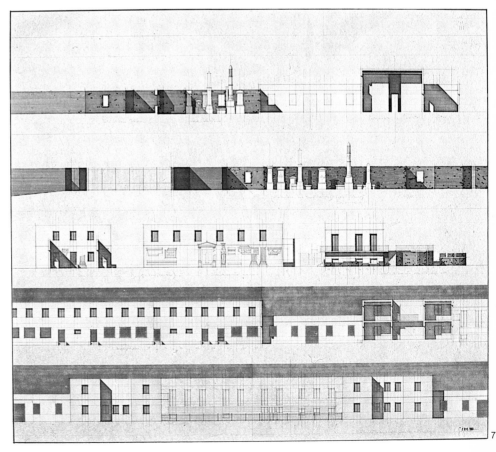

6. Planta del piso superior
7. Dibujos de estudio para el desarrollo de las fachadas y las secciones

6. Upper floor plan
7. Study sketches for the development of facades and sections

Gran Louvre, en París (Francia)

Arquitecto: Ieoh Ming Pei and Partners
Colaboradores: Michel Macary y Georges Duval
Proyecto: 1983

La decisión de ampliar y reestructurar el Museo del Louvre fue una opción política tomada por el presidente Mitterrand en 1981, ligada a la resolución de desalojar el Ministerio de Economía del Palacio del Louvre.

Para esta intervención la resolución consistió en plantear un nuevo proyecto en el lugar más lógico, en la Cour Napoléon y debajo del suelo. De todas maneras la operación consta sólo de dos plantas, que llegan a la cota menos 9,60 metros, a causa de que la proximidad con el río Sena impide llegar a mayores profundidades.

Con esta obra, perfectamente estratégica, se consiguen sintetizar en un solo gesto toda una serie de mejoras que en definitiva van a modernizar y dar una nueva vida al viejo museo: engrandecerlo; instalar nuevos servicios, que todo museo contemporáneo debe poseer; reestructurar todo el sistema de circulaciones, clarificándolo y pasando de una extensa estructura lineal a una clara estructura centralizada; ligarlo más estrechamente a la ciudad moderna, estableciendo, por ejemplo, accesos directos desde el metro.

Esta operación estratégica de reestructuración del museo se expresa simbólicamente en la pirámide de cristal que sobresale del suelo del patio central, significando la entrada al hall del edificio y expresando esta nueva vida del Louvre. La pirámide de cristal, cita de la pirámide que Friedrich Weinbrener realizó en la Markplatz de Karlsruhe, por su forma y transparencia expresa de manera coherente esta intervención de modernización y racionalización de un monumento antiguo que ha ido creciendo a lo largo de su historia, del museo de arte por excelencia.

Grand Louvre in Paris (France)

Architect: Ieoh Ming Pei & Partners
Collaborators: Michel Macary and Georges Duval
Project: 1983

President Mitterand's decision to extend and remodel the Louvre Museum in 1981 was a political one, linked to the fact that the Ministry of Finance was to leave the Louvre Palace.

It was decided to plan the new extension in the most logical place: underground in the Cour Napoléon. The building is only two floors high, with a depth of 9.6 metres underground, since the proximity of the Seine does not permit going any deeper.

In this well planned development, a whole series of improvements that will modernize and enliven the old museum are synthesized in a single gesture: it is enlarged; crucial new services for the contemporary museum are added; the circulation system is remodelled, making it clearer and moving from a linear to a centralized structure; and it is linked more closely to the modern city, establishing, for example, direct accesses from the subway.

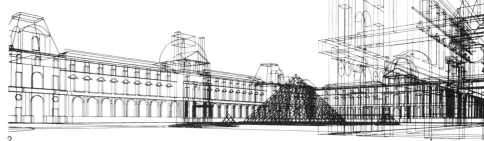

1. Fotomontaje del proyecto
2. Perspectiva volumétrica de la pirámide en su contexto
3. Sección por la Cour Napoléon, mostrando el nuevo sistema de accesos al Louvre

1. Photomontage of the project
2. Volumetric perspective rendering of the pyramid in its context
3. Section through Cour Napoléon, showing the new system of accesses to the Louvre

4

This strategic operation of re-structuring the museum is symbolically expressed in the glass pyramid that emerges from the ground of the central court, signifying the entrance to the building's hall and expressing the new spirit of the Louvre. The glass pyramid, a copy of the one that Friedrich Weinbrener placed in the Markplatz in Karlsruhe, expresses by its shape and transparency this process of modernization and rationalization of an old monument that has been growing throughout history of the Art Gallery par excellence.

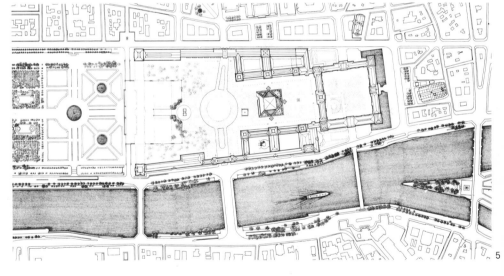

5

4. Vista de la maqueta con el proyecto de pirámide
5. Planta del conjunto al nivel del suelo
6. Planta sótano, con las nuevas instalaciones del museo

4. View of the model with the pyramid project
5. Ground floor plan of the whole
6. Basement floor with the museum's new installations

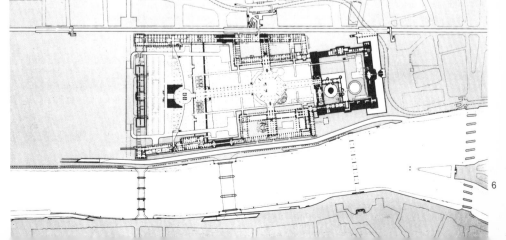

6

1

Museo del siglo XIX en la Gare d'Orsay, París (Francia)

Proyecto: 1980; finalización de las obras: 1986
Arquitectos: Gae Aulenti e Italo Rota
Colaborador: Piero Castiglioni (luminotecnia)

La Gare d'Orsay fue proyectada y construida por el arquitecto Victor Laloux entre 1898 y 1900. En 1979 se convocó un concurso de ideas para convertir esta vieja estación en desuso en un museo de arte. Su proximidad al Louvre, justo al otro lado del Sena, aconsejaban una opción de este tipo. El ganador fue el equipo ACT formado por R. Bardon, P. Colboc y J.P. Philippon. Cuando a partir de 1980 el equipo de Gae Aulenti empezó a trabajar a la escala del acondicionamiento de la estructura en vías de rehabilitación, empezó también a plantear una cierta crítica al proyecto anterior. Se trataba ya de instalar unas colecciones concretas y seguir un programa museográfico, definido por Michel Laclotte, conservador en jefe del Departamento de pintura del Louvre.
Las primeras premisas han sido las de organizar el museo según una secuencia que en la gran nave de la estación toma la forma de galería comercial decimonónica. Sobre un recorrido longitudinal jerárquico se sitúan diversos ejes transversales y diversos itinerarios en altura. Además, en cada espacio específico se sitúa una obra o colección, según un estudio caso por caso. De esta manera, según una articulada y coherente recuperación del sistema de salas, galerías, muros, pasajes e ingresos –es decir el típico repertorio espacial de un museo– se resuelve la complejidad del encargo. La Galería de los Impresionistas (que recoge el contenido del Jeu de Paume) se sitúa en una galería alta, con la luz obtenida de manera natural mediante aberturas cenitales.
En el pabellón Amont (según una secuencia vertical de salas) y en las dos torres al final de la gran nave, se va a situar la sección de arquitectura, dedicada a la arquitectura y el urbanismo del 1850 a 1900. Sin las dos torres (el edificio dentro del edificio), dejando vacío el fondo, la escala de la nave hubiera sido tan enorme que no se hubiera podido colocar ninguna obra de arte, mientras que las dos torres dan la referencia de la escala humana al conjunto. El resto de itinerario está formado, además de la entrada y servicios anexos, por las salas de esculturas y exposiciones temporales, las salas Courbet, Carpeaux y Seurat, y la Galería Bellechasse dedicada a Gaugin, Ecole de Pont-Aven y Nabis.

En el lenguaje utilizado se concilian los materiales producidos industrialmente con una clara voluntad figurativa para dar identidad a cada pieza y espacio del museo.
Cada espacio diferente está iluminado de modo diferente.
Al final del recorrido de este libro, este museo delimita la solución contrapuesta a aquella con la que lo iniciábamos: el Centro Pompidou. Tal como ha señalado Laclotte, uno de los rasgos fundamentales de este nuevo museo es su contraposición con el Centro Pompidou: "El ejemplo del Beaubourg ha demostrado que la gran plataforma vacía no era en absoluto libertad, sino todo lo contrario. Se siente la necesidad de muros, de salas, de puertas, de pasajes, lo cual no es una constricción sino todo lo contrario."

1. Exterior de la estación en la actualidad
2. Interior de la Gare d'Orléans en el Quai d'Orsay en 1900
3 y 4. Secciones transversales
5. Sección longitudinal

1. Exterior of the station as it is now
2. Interior of the Gare d'Orléans at the Quai d'Orsay in 1900
3. & 4 Crosswise sections
5. Lengthwise section

2

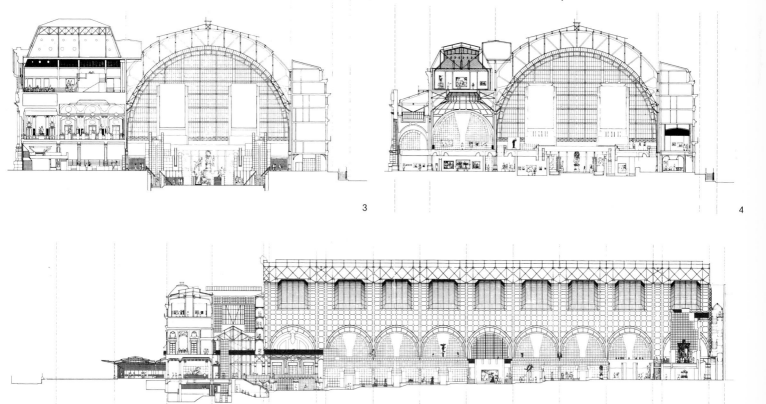

3

4

5

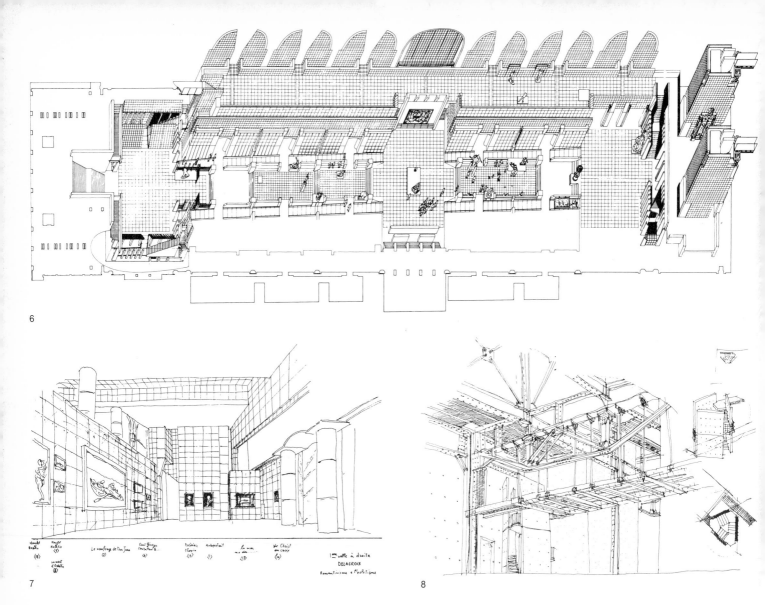

6

7   8

Museum of the Nineteenth Century in the Gare d'Orsay, Paris (France)

Architects: Gae Aulenti and Italo Rota
Collaborator: Piero Castiglioni (lighting techniques)
Project: 1980
Construction: Completed 1986

The Gare d'Orsay was projected and built by the architect Victor Laloux between 1898 and 1900. In 1979 a competition was called to obtain ideas for converting this old station into an art museum. Its proximity to the Louvre, across the Seine, made such a possibility desirable. The winning team was that of R. Bardon, P. Colboc and J. P. Philippon. When, in 1980, Gae Aulenti's team started to work on refurbishing the structure, they made certain criticisms of the previous project. It was a matter of housing specific collections and following

a museum programme defined by Michel Laclotte, chief curator of the painting department in the Louvre.

The first premise was to organize the museum according to a sequence, in which the large nave of the station would become a nineteenth century commercial gallery. Along a hierarchical longitudinal route, various cross axes are placed, as well as several elevated itineraries. Furthermore, each specific space houses a work or collection on a case-by-case basis. In this way, through an articulate and coherent organisation of the halls, galleries, walls and accesses — that is the typical spatial layout of a museum — the complexity of the assignment is catered for. The Impressionists Gallery (which houses the contents of the Jeu de Paume) is placed in a tall gallery, with natural top lighting.
In the Amont pavilion (following a vertical room sequence) and in the two towers at

the end of the nave, will be the architecture section, dedicated to architecture and urbanism between 1850 and 1900. Without the two towers (building-within-a-building), and just an empty background, the scale of the nave would have been so enormous that no work of art could have been properly placed inside, but the two towers are on a smaller scale, giving a human reference to the whole.
The rest of the itinerary is formed by the entrance and adjacent services, the sculpture and temporary exhibition rooms, the Courbet, Carpeaux and Seurat galleries, and the Bellechasse gallery, dedicated to Gauguin, Pont-Aven School and Nabis.
The language that is used unites industrially produced materials with clear figurative elements so as to give an identity to each space and object within the museum. Each area is lit in a different manner.
In conclusion, this museum offers the

9

10

11

opposite solution to the one at the beginning of the book: the Pompidou Centre. As Laclotte has said, one of the main features of this museum is its contrast to the Pompidou Centre: 'The example of Beaubourg has proved that the great empty platform did not give freedom, but absolutely the contrary. There is a need for walls, rooms, doors and corridors which are not a restriction but the exact opposite.'

6. Axonométrica de la gran galería interior
7. Croquis de estudio para la museografía de una de las salas dedicadas a Delacroix
8. Detalle de la estructura del Pabellón Amont
9 y 10. Detalle y vista general y detalle de la gran nave de la antigua estación. Fotos tomadas durante las obras a mediados de 1985
11. Vista de la Galería Bellechasse en obras

6. Axonometric of the large interior gallery
7. Study sketch for the museum system of one of the galleries dedicated to Delacroix
8. Detail of the structure of the Amont pavilion
9. & 10. General view and detail of the grand nave of the old station. The photographs were taken during construction in 1985
11. View of the Bellechasse Gallery during building work

Museo Nacional de Arte Moderno en el Centro Pompidou de París (Francia)

Arquitecta: Gae Aulenti
Colaboradores: Italo Rota y Piero Castiglioni
Realización de la obra: 1985

El Museo Nacional de Arte Moderno estuvo instalado desde 1947 hasta 1976 en el Palais de Tokyo, cerca del Trocadero, pasando a ser desde 1977 uno de los departamento del Centro Georges Pompidou. El crecimiento y diversificación de la colección por una parte, y la experiencia museográfica adquirida en los últimos años por otra, exigían la remodelación dentro de un edificio como el Pompidou, que contemplaba ya en su forma originaria la posibilidad de transformaciones. El proyecto se ha concretado en toda la cuarta planta (dedicada al periódo 1905-1930 y realizada por Gae Aulenti), la parte sur de la tercera planta (dedicada a los años 1965-1985 y realizada por Renzo Piano) y la galería de los contemporáneos en la planta baja.
La intervención de Gae Aulenti (especialista en este tipo de intervenciones a la escala del interiorismo, dentro de estructuras existentes) ha consistido en respetar el ritmo

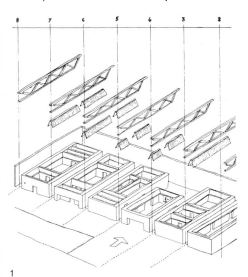

1

de la estructura a la vista y de las fachadas acristaladas, pensando una intervención en la que se pusiera especial énfasis en la museología, en los diversos problemas de la adecuada presentación, iluminación y conservación de la obra de arte.
Se ha definido así un sistema de salas de forma tradicional, dedicadas cada una a artistas, colecciones o corrientes concretas, planteando una gran galería que atraviesa la cuarta planta de norte a sur y dejando tres terrazas para esculturas al aire libre. La galería permite el control permanente para el visitante de su situación en relación a todo el edificio. Todas las salas siguen un modulado, teniendo una altura de 5 metros, una dimensión fija de 11 metros de anchura entre los tramos (salvo para los tramos terminales) y variable en el otro sentido, en la profundidad (con una dimensión usual de 22,45 metros) para así no plantear un resultado monótono. Entre las salas existen pasos configurados como pequeñas galerías. La nueva estructura es autoestable y se apoya en el suelo, aunque si fuera necesario se podría suspender del techo.
El tema que se ha cuidado especialmente es el de la iluminación y configuración del espacio adecuado para cada obra y colección. Así existe un sistema de iluminación indirecta para la pintura y puntual para la escultura. Para Gae Aulenti se ha de seguir una actitud empírica y pragmática, ya que para hacer un museo actualmente no existen unos patrones generales: cada cuadro o colección ha de tener su propio espacio y sistema de iluminación. Además de que es cada país, ciudad, lugar y contexto el que configura la diversidad de formas de un museo contemporáneo, son las mismas obras de arte las que lo acaban de constituir y configurar.

1. Dibujo en axonométrica que muestra la idea de la intervención
2. Croquis de estudio de las salas y de las pequeñas galerías entre salas
3. Planta del cuarto piso del Centre Pompidou con la nueva intervención

National Museum of Modern Art in the Pompidou Centre Paris (France)

Architect: Gae Aulenti
Collaborators: Italo Rota and Piero Castiglioni
Construction: 1985

From 1947 to 1976 the National Museum of Modern Art was located in the Palais de Tokyo, near the Trocadero, but became one of the departments of the Georges Pompidou Centre in 1977. The growth and diversification of the collection on one hand, and the museum experience that had been acquired in past years on the other, called for a remodelling of the museum within a building such as the Pompidou, which had already anticipated in its original conception the possibility of transformations. The project has been concentrated on the whole of the fifth floor (dedicated to the 1905-1930 period and designed by Gae Aulenti), the south part of the fourth floor (dedicated to the 1965-1985 period and designed by Renzo Piano) and in the Contemporary Gallery on the ground floor.
The intervention of Gae Aulenti (a specialist in remodelling the interiors of existing structures) has respected the rhythm of the structure and the glazed facades. He has designed a project with special emphasis on museum techniques and the various problems of adequate presentation, lighting and conservation of works of art.
Thus a traditional gallery system has been defined, each one dedicated to specific artists, collections or movements, with a gallery that traverses the fifth floor from north to south and leaves three terraces free for open air sculptures. The gallery lets the visitor permanently control his or her situation with respect to the rest of the

1. Axonometric drawing showing the idea of the intervention
2. Study sketch of the rooms and small galleries between them
3. Fifth floor plan of the Pompidou Centre with the intervention

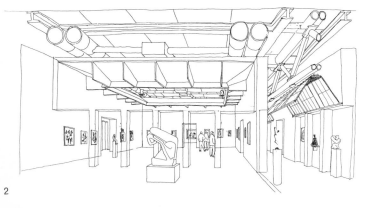

2

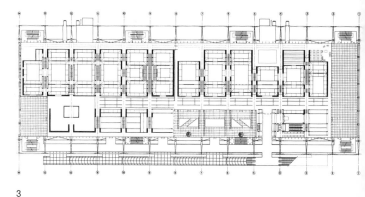

3

building. All the rooms are modulated, with a height of 5 metres and a fixed width of 11 metres (except for the end sections) and variable lengths (with a usual size of 22.45 metres), so that there is no monotony. Between the rooms, there are corridors that become small galleries. The new structure is self-supporting and rests on the floor, although it could also be suspended from the roof.

The crucial factors have been light and the creation of a specific space for each work or collection. Thus, there is an indirect lighting system for paintings and focal light for the sculptures.

4. Vista de una de las salas y de una de las pequeñas galerías
5. Vista desde el centro de la gran galería

4. View of one of the rooms and small galleries
5. View, from the centre, of the large gallery

4

5

Bibliografía/Bibliography

Centre Pompidou. Paris
AA 73/8, AA 77/2, AD 72/7, A+U 76/6, Domus 72/6.

Museo di Sant' Agostino. Génova.
Cas 79/1.

Yale Center for British Arts and Studies. New Haven
AA 77/10, A Rec 77/6, A Rev 77/7, A+U 73/1, Bau 79/3, Cas 79/1, Domus 78/2, Lotus 82/II, PA 78/5, Pers n. 3.

Air and Space National Museum. Washington. D.C.
Abit 78/5, AIA 80/11, Arch 77/4, A Rev 76/10, A+U 76/8, Bau 75/10, GA Special 70-80, PA 76/7, SD 79/9.

Anthropology Museum. University British Columbia. Vancouver.
A Rec 77/5, A Rev 80/5, Bau 78/5, CA 77/5, GA Special 70-80.

Allen Memorial Art Museum. Oberlin College. Oberlin.
AA 78/6, AD 78/1, Arq 78/1, A+U 78/1, PA 77/10.

Sainsbury Center for the Visual Arts of East Anglia. Norwich.
AD 79/2, AD Profil n. 19, A Rec 79/8, A Rec 81/1, A Rev 79/12, A+U 81/2, Domus 79/3, PA 79/2.

East Wing, National Gallery of Art. Washington D.C.
AIA 79/5, A Rec 75/8, A Rec 78/8, A Rev 79/1, A+U 79/4, Bau 76/4, Bau 79/3, Cas 79/1, L'A 79/11, PA 78/10, PA 83/8.

Portland Museum of Art. Portland,
A Rec 83/11, A Rec 84/6, GA 84/5, Eup 84/12, PA 83/8, PA 84/2, T&A 82/11.

Museu de la Ciència. Barcelona.
Arq 81/5-6, A+U 83/12, ON 81/ n. 23.

Art Museum. Holstebro.
Ark 81/6, A Rev 83/1, LA 84/2.

Okanoyama Graphic Art Museum. Nishiwaki.
AD 84/11-12, GA 84/9, JA 85/4, SD 84/1.

Museum of Contemporany Art. Los Angeles.
Bau 84/8, BD 83/3, Cas 83/5, GA 83/10, SD 84/1.

Museum of Modern Art. New York.
AA 84/9, AD 85/1-2, A Rec 84/10, A+U 84/12, GA 85/1, Pers n. 16.

Museo de Arte Romano. Mérida.
Arq 84/5-6, Cas 84/4, Croquis 85/4, Lotus 82/II, WBW 84/12.

Filmmuseum + Dif. Frankfurt.
Abit 84/7-8, T&A 85/4-5, WBW 84/12.

Deutsches Architekturmuseum. Frankfurt
AA 84/6, AD 82/1-2, AD 84/11-12, AD 85/3-4, A Rec 84/8, A Rev 84/8, Arq 84/9-10, A+U 84/9, Bau 84/6, Cas 82/4, Cas 83/9, Cas 84/7, GA 84/9, Lotus 84/III, PA 83/8, WBW 84/12.

Städtisches Museum Abteiberg. Mönchengladbach.
AA 83/2, AD 83/7-8, A Rec 83/2, A Rev 82/12, Bau 82/10, Domus 82/10, GA 83/6, T&A 79/9, WBW 82/10.

Museum für Moderne Kunst. Frankfurt
AA 84/2, A Rev 84/2, Lotus 80/III, PA 83/8, T&A 85/4-5, WBW 83/9.

Fine Arts Museum. Atlanta.
AD 84/11-12, A Rec 84/1, A Rev 84/2, A+U 83/2, Domus 84/5, GA 83/6, GA 84/9, T&A 84/2, WBW 84/4.

Museum für Kunsthandwerk. Frankfurt.
AA 80/9, AD 85/1-2, A Rec 81/4, A Rev 81/7, Bau 85/8, Cas 85/7-8, Domus 85/6, Lotus 80/III, PA 85/6, T&A 85/A-5.

Neue Staatsgalerie. Stuttgart.
AA 84/10, AD 79/8-9, AD 84/3-4, A Rec 84/9, A Rev 83/3, A Rev 84/12, Arq 85/5-6, A+U 84/4, Cas 84/6, Domus 84/6, GA 84/9, Lotus 84/III, PA 83/8, PA 84/10, Pers n. 16, SD 84/10.

Fogg Museum of Art. Harvard, Cambridge.
A Rev 83/3, Cas 82/5, Lotus 82/II, Lotus 83/I, PA 79/6, PA 84/10, PA 85/10.

Tate Gallery. London.
AD 82/1-2, A Rev 81/8, Domus 84/6, Lotus 82/II, Lotus 83/I.

Air and Space Museum. Los Angeles.
AA 85/6, A+A 85/1, A Rec 85/1, A Rev 83/6, Cas 85/6, GA 85/1.

Musée National des Sciences, des Techniques et des Industries. La Villette, Paris.
AA 85/6, AI 80/11-12, AI 84/5-6, A Rev 81/2, Domus 82/7-8, T&A 80/10, T&A 84/4.

Museum für Vor-und Frühgeschichte. Frankfurt.
AD 84/11-12, Cas 82/6, WBW 84/12.

Prinz Albrecht Palais Museum. Berlin.
Lotus 84/II.

Grand Louvre. Paris
Bau 84/8, BD 83/9, T&A 84/4-5.

Musée d'Orsay. Paris.
AA 79/9, Cas 82/7-8, Lotus 82/II, T&A 79/9.

Musée National d'Art Moderne, Centre Pompidou, Paris.
AA 85/9, Cas 85/7-8.

Código de revistas/ *Magazines Code*

AA	L'Architecture d'Aujourd'hui (F)
A+A	Arts + Architecture (F)
Abit	Abitare (I)
AD	Architectural Design (GB)
AI	Architecture Interieure CREE (F)
AIA	AIA Journal (GB)
Arch	Architecture (F)
A Rec	Architectural Record (USA)
A Rev	The Architectural Review (GB)
Ark	Arkitektur DK (DK)
Arq	Arquitectura (E)
A+U	Architecture + Urbanism (J)
Bau	Baumeister (D)
BD	Building Design (GB)
CA	The Canadian Architect (CDN)
Cas	Casabella (I)
Croquis	El Croquis (E)
Domus	Domus (I)
Eup	Eupalino (I)
GA	Global Architecture Document (J)
JA	Japan Architecture (J)
L'A	L'Architettura (I)
LA	Living Architecture (DK)
Lotus	Lotus International (I)
On	On (E)
PA	Progressive Architecture (USA)
Pers	Perspecta (USA)
SD	Space Design (J)
T&A	Techniques & Architecture (F)
WBW	Werk, Bauen + Wohnen (CH)

Agradecimientos

Los autores del libro agradecen a los directores de museo, a los arquitectos y sus colaboradores y a los fotógrafos que les han facilitado el material necesario para su realización. Asimismo agradecen las orientaciones y facilidades ofrecidas por Lluís Domènech, Enric Franch, Xavier Güell, Joël Perrot y Toshiaki Tange.

Un agradecimiento especial merece Arantza Lopez de Guereña, que ha cuidado de la elaboración de la bibliografía y ha colaborado en algunos aspectos de la preparación de este libro.

Manifestamos asimismo nuestro agradecimiento a todos aquellos que, junto a los autores, participaron en el Curso de Doctorado sobre "Arquitectura de los museos" impartido en el año 1985 por el Departamento de Estética y Teoría de la Arquitectura de la E.T.S.A.B. y de forma especial a los profesores Ignasi de Solà-Morales, Pere Hereu y José Manuel Pérez Latorre.

Josep Maria Montaner y Jordi Oliveras

Acknowledgements

The authors would like to thank the museum directors, the architects and their collaborators, and the photographers who have provided the necessary material for the book. They are also grateful for the help and advice of Lluís Domènech, Enric Franch, Xavier Güell, Jöel Perrot and Toshiaki Tange.

We also want to express our gratitude to all the people who, together with the authors, took part in the Ph.D. course on 'Museum Architecture' given by the Aesthetics and Theory of Architecture Department of the School of Architecture of Barcelona, specially to professors Ignasi de Solá-Morales, Pere Hereu and José Manuel Pérez Latorre.

We would like to especially thank Arantza López de Guerena, who supervised the working-out of the bibliography and collaborated on other aspects in the preparation of the book.

Josep María Montaner and Jordi Oliveras.

Fotógrafos / Photographers

La primera cifra indica el número de la ilustración, la segunda, entre paréntesis, el número de la página.

The first figure indicates illustration number, the second, in brackets, the page number